Seadove

Seadove

Seadove

Gold Edition

巴菲特
給散戶的9個忠告

Warren Buffett

郭硯靈、潘方勇/著

前言：巴菲特的投資哲學

在這本書中，我們對散戶的定義是：沒有能力控制某支股票價格的人，與法人和大戶資訊不對等的人。也就是說，散戶是股市中那些任人宰割的肥羊。

股市是個點石成金的神秘地方，也是個提煉真金的大熔爐。自從有股市以來，對於大多數散戶投資人來說，由於自身資金的薄弱和對股市規律的無知以及資訊滯後，遭受損失是一種家常便飯。如何規避風險，成為最後的王者？股神巴菲特為您打開這個潘朵拉盒子。

巴菲特就好像希臘神話中的邁達斯神，有點石成金術，他用一百美元起家，靠著非凡的智慧和理智的頭腦，在短短的四十多年時間裏創造了數百億億美元的巨額財富，從而演繹了一段從平民到世界巨富的不朽傳奇，是當之無愧的世紀股神。股東們對他的追隨和關注，形成了奇特的「巴菲特現象」——他的健康狀況甚至會直接影響到股市行情的漲落。

巴菲特的真正財富，並不是他擁用的億萬資產，而是他堅守了一生的投資理念。他的成功，靠的正是這套與眾不同的投資理念，不同的投資哲學與邏輯，不同的投資技巧。在容易讓人迷失的投資市場上，巴菲特始終保持清醒的頭腦，並不斷做出正確的決策，取得勝利。他不僅締造了伯克希爾・哈撒韋公司，這樣全美國最有價值的企業，更是教導了無數人該怎樣去考慮業務；他證明了股票投資不只是碰運氣的遊戲，而是一種更合理更具體的事業；他不僅是全世界投資人仰慕的財富之神，同時更擁有高尚正直的商業品德；他結論出簡單質樸卻獨特深刻的投資哲學與方略，並透過不斷的執行經驗來詮釋其對於投資的正確性。這些投資哲學與理念幾乎已經成為當今每一個投資者的必備「聖經」。

古人云：大道至簡。本書針對散戶投資者的特點，將巴菲特對股票投資理念的精髓總結為九個方面，並已忠告的形式展現在大家面前，非常簡單，卻非常有效，不需高智商，不需高學歷，不需高等數學，任何一個普通投資者都能掌握，都能適應。

如果你還沒有進場，先看看這本書不會錯，如果你已經進場，就更加少不了這本書，至少讓你在股市裏馳騁的時候不會迷失方向。

目錄

附錄一：股票的術語

附錄二：巴菲特語錄

Gold Edition Warren Buffett 9

忠告一

態度決定一切

兩個秀才在趕考的路上遇到一支出殯的隊伍。看到那口黑乎乎的棺材，其中一個秀才心裏立即涼了半截，心想：趕考路上遇到棺材，不祥之兆啊！於是，進考場後，那口黑乎乎的棺材一直在他腦子裏盤旋，結果可想而知。

而另一個秀才看到棺材時，心裏同樣大驚，但轉念一想：棺材，「官財」，有「官」又有「財」，好兆頭啊！於是心裏異常興奮，走進考場後文思泉湧，一舉高中。

「那『棺材』太靈驗了！」兩人回到家裏都對家裏人說。

這就是態度！它會產生一種神奇的力量，影響我們對事物的認知方法。

股市是一個心理博弈的大舞臺，始終處於波動之中，這是股市的風險所在，也是股市的魅力所在。端正投資態度，始終保持健康平和的心態，自然是一名理性、成熟的投資者的必備品質，這對於我們相對弱小的散戶來說尤為重要。世紀股神巴菲特的成功之道就在於他對股票的態度：把自己當作企業的所有者，即投資企業，在適當的時機買入價值被低估的股票，然後用永久婚姻的態度長久地持有它，真正做到「不以物喜，不以己悲」的超高境界。

在這裏，巴菲特給散戶的第一個忠告就是：端正你的投資態度。細細研讀，好好體會，你必將會得到意外的驚喜。

第一節 一夜暴富不現實

> 擁有一支股票，期待它下個早晨就上漲是十分愚蠢的。
>
> ——巴菲特

也許很多人都是抱著這樣美麗的幻想進入股市的：半月之內股價翻個幾倍，投資收益是本金的幾倍，比上班要划算的多……把股市當成賭場，抱著「撈一把」、「賺一筆」的心態，試圖在股市上實現「一夜暴富」。尤其是當身處散戶的不利境地時，令我們失敗的不是技術，不是行情好壞，而是我們的投資心態，因為我們——太想賺錢了！

在這種不正常的投資心態驅使下，他們往往失去理性，傾其所有，有的甚至押上房產、舉債貸款進入股市。但股市是一個無情的冷血動物，不會關注你進入股市的錢是哪裡來的，這錢對你是多麼的重要。因此，一旦遭遇投資失利，帶給它們的是無法挽回的損失。

國外幾百年股市發展史充分證明，從長期來看，人人都想透過股票投資「一夜暴富」是不可能的，也是不現實的。不可否認，在現實中，的確有極少數人在股市上短時間內獲得了較高收益，但是對於大多數散戶來說，都想在股市上賺得金玉滿缽、一夜之內「發財致富」是不大可能的。

巴菲特之所以會成為世紀股神，不是因為他買了某支股票，過幾天暴漲，最終成為市場的王者，而是與他對股票長期堅持「長線是金」的投資理念密不可分。有人曾做過統計，巴菲特對每一支股票的投資沒有少過八年的。他在一九七二年買入的華盛頓郵報股票是其中的一個典型例子：持有二十七年，股票價值增長了八十六倍！雖然在這二十七年中，美國股市大盤震盪不斷，華盛頓郵報股票也曾大幅漲跌，「暴漲」和「暴跌」頻繁更替，但最後的事實證明「長線和耐心」為巴菲特帶來了可觀的收穫。

作為一位長期投資的愛好者，巴菲特最喜歡做的事情就是尋找可靠的股票，盡可能用便宜的價格買進，盡可能長久地保存，然後坐看它的價值一天天地增長。

巴菲特曾說短期股市的預測是毒藥，應該把它擺在最安全的地方，遠離兒童以及那些在股市中行為像小孩般幼稚的投資人。正是始終堅持這種投資理念，不迷信華爾街的技術分析，不聽信謠言，不計較短期得失，積極跟蹤購買那些價值被嚴重低估的股票，最終建立起了伯克希爾‧哈撒韋的資本帝國大廈，在三十多年間創造了眾多神話：全球股市上最貴的股票、資本年平均盈利率達到二四%……

魔鬼往往在細節之中！

不要幻想一夜暴富，那樣會讓你喪失做回普通人的權利。時間是位藝術大師，他會慢慢撫平你的暴利心態，讓你重新找到生活的平衡感。

滴水能穿石，鐵杵磨成針！樹立正確的投資心態，徹底摒棄一夜暴富的愚蠢念頭，像巴菲特一樣具備足夠的理性和耐心，靜下心來，客觀的看待自己和環境，這樣你才會讓自己安全一點，你的收益也才會更有保障。一念天堂，一念地獄！生命中很多事情比股票都重要，這一點永遠都不要忘記。

巴菲特常掛在嘴邊的一句口頭禪就是：「擁有一支股票，期待它下個早晨就上漲是十分愚蠢的」。

第二節　善念投資是正道

> 金錢對於我來說，只是一個遊戲的記分牌。我和（已故）妻子五十年前就形成了這樣的想法：我們要終生積聚財富，這些財富要全部回報社會。
>
> ——巴菲特

但丁說，道德常常能填補知識的缺陷，而知識永遠填補不了道德的缺陷。一念善心起，多方便門開。常言道：「捨得」意為有「捨」才能「得」。如果你在股市中始終信持善念，那麼成功之門已經在向你招手了！

股票投資之所以吸引人，主要在於它的「刺激性」。它能夠在很短的時間裏為投資者帶來巨大的收益，同時也能在瞬間讓你的財富化為烏有。

在剛剛涉足股市的時候，很多人都是抱著對股市的無限遐想和期望而來的，在後來股海的大起大落中，往往容易喪失人性最本質、最可愛的東西。特別對於散戶來說，這種以善為本的心態是非常重要的。當你看到別人賺錢自己賠錢的時候，會不會產生不平衡的心理，以至於自己心理扭曲，不能保持冷靜的態度來面對股市？這樣的結果可能是惡性循環，情況越來越糟。在這個時候，調整好自己的心態，以善為念，也許會得到意外的驚喜。心存善念的人總能保持良好的心態，與人為善，悲天憫人，處處為別人著想，濟危助困，不經意之間，反而為自己帶來了更多的機會。

「旱則資舟，水則資車」，是春秋時期陶朱公范蠡的經商規則。也就是說，乾旱時買船，以備來年水運之所需；雨水豐足時，他就買車，為旱季作準備。豐年時他則大膽收購糧食，大旱年物價上漲時，就拋售存糧。這樣，不僅可以使自己致富，而且可以平抑物價，安定社會，避免豐年物價低廉而傷害農民，荒年弄得民不聊生。

陶朱公的故事，股神巴菲特可能並未聽說。但是他們的經營規則、投資理念卻如出一轍，均選擇在危機時進場。陶朱公的出發點是擔心穀賤傷農，賺錢只是好心的回報，而巴菲特賺錢後則捐出絕大多數的利益做社會公益。

二〇〇六年六月，美國歷史上最大一筆個人慈善捐款誕生，記錄的創造者就是股神巴菲特，他宣佈把八五%的個人財產、三七〇億美元捐獻給慈善基金。在美國《商業週刊》「二〇〇六年美國五十大慈善家」排行榜上，股神巴菲特一枝獨秀，把所有對手遠遠拋在身後，當仁不讓成為全球最大的慈善家。同時，他利用「巴菲特的午餐」募集善款，樹立了一種全新的「慈善風尚」，這不僅讓人在羨慕他的巨額財富時，又對他的品格充滿敬意。

這兩個簡單的古今例子時間相隔數千年，投資對象也相差甚遠，但其經營規則與致富理念相似：心存善念是賺大錢、持久賺錢的必備品。對於我們廣大散戶而言，先理「心」，從而具備樹立正確的投資理念，予人玫瑰，手留餘香，尤顯重要。

一位哲人曾經問過他的學生：「對於一個人來說，最需要擁有的是什麼？」在眾多學生的回答中，僅有一位學生的答案令他露出了笑容，那位同學的答案是：「一顆善心！」是啊，可以說是我們一生中最大的財富，就是擁有一顆善良的心，一種愛人的性情。雖然我們給予別人以愛，但是並沒有因此而減少我們自己的愛，反而會因為給予而得到更多的愛。

有禪語說：心善如水！善良的心如水般透明，沒有一絲的雜念。心存善念是一種蘊藏在我們內心深處的珍貴情感，它是對人生的一種理解，對行為的一種保證。

雖然股票投資可能會給你帶來高額的回報，但是你必須明白，它只是賺錢的一種工具而已。所謂「君子愛財，取之有道」。因此，它也有好壞之分、黑白之區。我們常說，商場如戰場，其中充滿了投機取巧、爾虞我詐，但是我們始終要牢牢抓住那顆善心，絕不可以讓它從你手裏溜走。

常言道：小富由己，大富在天。股票不是萬能藥，他只是個道具而已，能不能改變你的命運，不在於股票，關鍵還是你自己的心。擁有怎樣的心，就擁有怎樣的世界！生命中很多事情比股票更重要，這一點永遠都不要忘記。

第三節　有耐心才有機會

不要頻頻換手，直到有好的投資對象才出手。

——巴菲特

耐心，是巴菲特成功的最大原因，進而成為一個令人敬仰的人物的一大法寶，也是我們廣大散戶朋友進行投資的必備心態。正如前面章節所言，時間是一位藝術大師，它可以讓一切回歸自然。從他一九五六年合夥成立一個投資公司以來，美國的股市長期來說就是一個牛市，許多人沒耐心，跑進跑出，換來換去買股票，可是巴菲特卻堅持到底，許多股票一買就是十幾年不動，讓這位藝術大師能戰勝市場。

「要做一個好的打擊者，你必須有好球可打。」這原本是傳奇棒球打擊者特德・威廉斯所說的話，但卻成為了巴菲特成就股神的至理名言。如果沒有好的投資對象，那麼他寧可持有現金。據統計，現金在巴菲特的伯克希爾・哈撒韋公司的投資配比中占一八%以上，而大多數基金公司只有四%的現金。

在網路股盛行的九〇年代他是孤獨的，但網路泡沫的破滅挽回了他一代股王的美譽。

回顧巴菲特的股神之路，我們可以發現，他所採用的方法簡單至極，並沒有太多深奧的東西，許多都是我們平常所熟悉的，唯一的區別就是，巴菲特貫徹實施了這些簡單實用的方法或小技巧。譬如，在股票低於實際價值時買入，並堅決持有至價值被發現，如過分超過其內在價值當然他也會拋出，等回落再買，但是這樣的機會十幾年才有一回。

巴菲特的股神之路，還告訴我們一個股票本質上的東西：股票的內在價值決定股票價格，但短期內股票價格經常會偏離股票的內在價值，就像蹺蹺板的兩頭，忽而高於或低於蹺蹺板支撐點；但從長期看，價格最終是會逐漸向價值回歸。

也就是說，影響股市的因素如何變化，投資標的如何變化，政策如何變化，投資方式或投資理念如何更替，但有一點是肯定的，那就是企業價值的座標是不會改變的，因為蹺蹺板支撐點的高度通常具有相對穩定性。因為股票不僅僅是屬於市場的，更是屬於企業的。

而企業的價值主要表現在盈利能力與成長能力上，而盈利能力的指標是主營業務收入的持續增長，成長能力則主要是指主營業務利潤率的持續提升。所以，市場的波動與企業價值的關聯性並不明顯，改變不了企業價值。也就是說，投資者只要抓住了企業價值這核心，那麼就可以規避短期市場波動所帶來的風險。

但是在現實中，很多投資者，尤其是散戶，一旦看到所持股票股價增長停滯或下跌就會手忙腳亂，立即全部拋掉，棄船而逃，自己精心挑選的企業就這樣前功盡棄了，又變得一無所有，一切又得從零開始。另外，沒有耐心的散戶，往往在價格出現波動後，就心如火焚。由於他們只在意短期的股價變動、資金的聚散、人氣的起伏，以及種種技術指標的分析，因而情緒也隨之上下波動，接下來就會開始懷疑自己的判斷是否出了差錯。這個「價格症候群」的典型特徵表現為：首先是全身的緊張，進而導致思想的混亂，再下一步就更不足為奇了，把正確的看成錯誤的，認為錯誤的還是正確的，這樣的情況相信很多散戶都經歷過，一旦頭腦不清醒了，做出的判斷就會失誤，南轅北轍的事時有發生。

同時，由於專業知識缺乏，散戶們常犯的另外一個毛病就是急躁，總以為自己突然發現了一匹黑馬，然後並不分析該股的來龍去脈，還沒有搞清楚股票的走勢，就開始盤算收益了，越想越覺得手中的錢就像小山似的堆起來，此時就完全忘卻了風險的發生，完全處於毫無戒備的狀態，一心想著將要收到手的鴨子，危險都忘了去躲避，如此行事怎能不敗？

因此，即使遇到較好的機會，迅速出擊是應該的，但也要備足糧草，不可貿然出擊，要先冷卻自己的頭腦，先仔細的分析市場，只有做到萬無一失才能夠放手去做，否則一招走錯就會滿盤皆輸，切不可像某些投機者那樣，只顧抓機會，而忘了腳下的絆腳石，況且我們的目標是最後的勝利，而不是一時的成功。

要有耐心，在你忍無可忍時不妨再忍一忍。每個散戶都應對可能出現意外的短期效果做好資金和精神準備。例如，一九九七年亞洲金融風暴中，很多投資者在證券投資中都遭受到了程度不一的損失，但是如果他們相信自己的判斷，堅持下去，就會在一九九八年東山再起、捲土重來，並且能在五年中獲得一五%的年平均報酬率。公司經營的成功往往幾個月、甚至幾年都和它的股票的成功不同步，從長遠看，它們卻是百分之百的相關聯。這種不一致才是賺錢的關鍵，耐心和擁有成功的公司，終將得到厚報。

對散戶來說，雖然很困難，但是培養忍耐的功夫仍是一堂必修課。堅強的自信心，堅定的意志力，堅持不懈的努力，都表現為忍耐的功夫。如果不能穩坐中軍帳，可能就會前功盡棄，煮熟的鴨子在眼前飛走，後悔都來不及。

股價的走勢絕不是一條筆挺向上的直線，而是十分曲折的波浪線，既有上升，也有下降。當看準了行情，做了買賣委託之後，就應該能夠耐得住行情的曲折變化，在沒有確定原先的決定是絕對錯誤的之前，以及在沒有發生令股市暴跌的特殊事件的情況下，就要耐心地等待，直到既定目標的出現，因為股票它總是會走自己要走的路。

買賣股票最忌三心二意，患得患失，忍耐是捕捉機會賺大錢的必要修養。

耐心等待機會的來臨，時間一定會給你加倍的回報。堅持走自己的路，讓別人去哭吧！

第四節　快樂投資滿意收穫

在股票投資過程中感知樂趣、心境平和才是投資的至高境界。

——巴菲特

快樂是一筆珍貴的資產，是一種寶貴的態度，它有著無限的感染力和不可估量的影響力，無論知識、錢財或勢力都比不上它。

就算我們真的處於困境中，困難重重，但我們要在困難中看到成績，看到光明，看到方向。堅定的信念能產生熱忱與追求，激發我們的勇氣和潛能。濕柴不能起火，灰心喪志的人也無法燃起熱情。在日常工作中如能保持快樂的積極心態，可以減輕痛苦，也可以化苦為樂。

在股市中馳騁，往往令人歡喜令人憂，可以讓人在一夜之間獲得巨大財富，也可以使人在瞬間一無所有，對於散戶來說，對這種心態的體驗是尤其熟悉的，往往感覺到心神不寧、身心疲憊。對失敗的人來說，快樂是一種奢侈，對於某些享受了豐厚回饋的人來說，患得患失、提心吊膽的心態，又讓他們一直處於焦慮狀態中。

如果我們靜下心來探究巴菲特的成功精髓，就會發現：成千上萬的投資者熱衷於模仿巴菲特，巴菲特真正難被模仿的卻是獲取收益的快樂心態，而不是簡單的投資技巧。許多投資者很透徹地研究並掌握了巴菲特選股策略，但能成功運用的卻寥寥無幾，最主要的就是模仿投資方法卻不能複製投資心理和收益心態並且不能堅持，這就是最大的區別。

曾與巴菲特一起工作過的人，都認為他永遠保持快樂的投資心態，工作非常勤奮，從來沒有暴躁、發脾氣的時候，「他可以同時有精力思考三件事情，但是，公司的事情無時無刻不縈繞在他心頭。」

他的一位下屬這樣評價巴菲特。對於巴菲特來說，工作就是一種樂趣，因此他除了是成功的價值創造者外，還是最受人們歡迎的富豪。

在巴菲特的眼裏，股票投資只是生活的一部分，是一種工作，雖然想經由股市成為一位富翁，但是絕對沒有急於求成、急功近利的想法。在這樣的心態下，巴菲特的投資策略顯得異常的輕鬆。成功了自然是件好事，如果不成功，也沒有值得沮喪的，因為他根本就沒有太大的企圖，失敗了從頭再來就是了！

二〇〇一年「九一一事件」曾對美國經濟造成巨大衝擊，使巴菲特旗下的保險公司因理賠而損失了約二十二億美元，但他還是處之泰然，絲毫不為所動，在他給股東的季度報告中，他如實的彙報了公司的情況，並以自信的態度繼續公司的運作經營。而他簡單實用的投資原則是他成功且快樂的根本原因。如果缺少了這種本領，失敗必然接踵而至，更談不上快樂了。

我們為什麼進股市，我想多數人是為了賺錢。賺錢的目的又為何？我們相信有錢可以使自己做自己想做的事，買自己想買的東西，尤其對散戶們來說，是想透過輕鬆的投資使自己生活得更快樂。但是，如果我們在股市投資，是以健康受損害和心靈受折磨為代價，那麼，賺這個錢還有多大意義？不論盈虧，都要成為一個快樂的股票投資者。在股票投資過程中感知樂趣、心境平和才是投資的至高境界。

第五節　自制力是成功的基石

成功的投資與其說取決於智商，還不如說取決於自律。

——巴菲特

進入股市之前，散戶們首先得明白一點，投資是一種自由度很大的投資行為，沒有人會監督、管理和限制你的操作，當然投資基金另當別論，事實證明，很多投資行為都得依靠自己的決策和實施。因此，自制力相當重要，我們要依據客觀現實控制自己的投資行為，而不能讓投資行為反過來控制了自己的思路和情緒。

成功的投資，甚至是成功的人生都受到自制能力的限制，自制能力高的人才有機會勝出。

讓一群不到十歲的小孩分別獨自走進一個空蕩蕩的大廳，並且在大廳的最顯著位置為每個孩子放了一顆巧克力。測試的老師對每個將要走進去的小孩說，如果他能夠堅持到老師叫他出去的時候還沒有把巧克力吃掉，那麼他就將再得到另外一顆巧克力的獎勵，也就是說，總共將會得到二顆巧克力；如果等不到老師叫他出去就把巧克力吃掉的話，就只能得到這一顆。實驗開始以後，孩子們分別進入大廳。沒有了家長和老師的監管，很多小孩子受不了誘惑，把巧克力吃掉了；也有些小孩子儘量的控制住自己，轉移注意力，不看那顆巧克力，一直等到老師來，最後這些堅持下來的小孩子得到了獎勵，得到了第二顆巧克力。

隨後，專家們將這些小孩根據其自制力分成了兩組，並進行了長期的跟蹤調查。結果令人驚訝：那些只得到一顆巧克力的小孩在以後的人生道路上，普遍沒有得到兩顆巧克力的小孩成功。不管智商如何，具備自制力的孩子，在以後的人生中比較容易取得一定的成就。

正如巴菲特說的：「成功的投資與其說取決於智商，還不如說取決於自律。」巴菲特認為自制力是投資人必須具備的精神。他認為自己「很理性，很多人比我智商更高，很多人也比我工作時間更長、更努力，但我做事更加理性。你必須能夠控制自己，不要讓情感左右你的理智」。「我們沒有必要比別人更聰明，但我們必須比別人更有自制力。」

在巴菲特四〇多年的投資生涯中，正是由於擁有了超乎常人的自制力，蔑視和迴避了眾多的市場誘惑，才躲過了二十世紀六〇年代的「電子風潮」，免受二十世紀八〇年代的「生物概念」和「垃圾債券」之害，也沒有陷入二十世紀末的「網路鬧劇」中。

散戶們要擁有巴菲特那樣的自制力並不容易，但是可以慢慢鍛練自己。良好的心理素質是取得成功的基礎。在情緒上，要排除股市漲跌對自身的影響、排除個人盈虧的干擾，控制自己的情緒，做到不被周圍的事態所影響，絕不能稍有風吹草動就惶惶不可終日。同時要保持自己思維的獨立性，可以有創造性的思維，也可以運用反向思維，但是不能人云亦云，做出一項投資決定之前要有自己的判斷和分析，不要聽信別人的傳言。在買賣節奏上，不需要過於頻繁，股市或許有自己獨特的時令季節和自己的快慢節奏，散戶們要學會在對整個大勢的把握下，擁有自己的投資節奏，不能太過頻繁地買進賣出，這樣只是白白把自己的利潤轉換成手續費交給券商。在選股上，不要過於盲目，選股的時候一定要謹慎，不能盲目聽信別人的推薦，一定要自己分析考證，而且對那些謠傳可能獲得暴利但是風險奇高的股票更是需要注意迴避，注意保持頭腦的清醒，保障自己資本的安全性。

另外，在為自己制定目標的時候，不要定太高的盈利目標，因為過高的目標會給自己帶來一定的心理壓力，必然使自己的自制力受到影響。而科學的投資目標能夠幫助你保持愉快的心情和積極的態度。像巴菲特學習，將投資行為控制在自己能力圈之內。長期以來，很多人都習慣了從眾思維，即認為真理總是掌握在多數人手中，總是跟在大多數人後面做事情。但是在股市投資中，需要不同的思維方式。千萬不要在股市中隨大流，高點進場，低點退場。這樣做，要麼你只能分到的一杯很少很少的羹，要麼就是跟很多人一起承擔虧損。

當然，要在時刻漲跌波濤洶湧的股市中培養自己的自制力，確實是一件很不容易的事情。我們平時也需要多積累，多思考，多關注國家的政策、股市所處的區域以及自身的定位，才能更加清晰的認識和理解股市，而這些才是自制力的基礎。能夠贏到最後的人，往往是站得高、看得遠，同時具備全局觀的人，而這些人的一大特點，就是擁有常人無法擁有的自制力，有所為而有所不為。

第六節 貪婪＋恐懼＝虧損

別人貪婪時我們恐懼，別人恐懼時我們貪婪。

——巴菲特

買股票可以反映人的劣根性——恐懼與貪婪，並且能夠將這兩個本性無限放大。恐懼與貪婪是人類的天性，對利潤無休止的追求，所以總想抓住一切機會獲利。當自己購買的股票開始下跌時，心中又會充滿恐懼。尤其對於散戶們來說，希望迅速獲取暴利，想贏怕輸的心態決定了恐懼和貪婪讓自己的心態變得扭曲，很容易導致操作上的失誤。巴菲特在一九九九年年末的《財富》雜誌中談到了影響大量牛市投資者採取「不容錯過的行動」的種種因素，他的警告是：真正的投資者不會擔心錯過這種行動，他們擔心的是未經準備就採取這種行動。

巴菲特認為在股市中必須戰勝的就是我們常見的這種心態：貪婪和恐懼。很多人覺得做起來很難，因為貪婪和恐懼是人與生俱來的。散戶們應該都有這樣的感受，當股價飆升時，你一定會興高采烈；而當股價下跌時，你一定會鬱悶之極並且充滿了恐懼。特別是在股價下跌的時候，很多散戶爭相出逃，即是股價回穩，也不敢回補，直到真的全線上漲的時候，才想起來要買入，但是這個時候的股價已經很高了，短線風險已經存在。而下一步，往往就是微利出局甚至再次被套。還有一種情況，就是當股價漲得很高的時候，由於過分貪婪，就是不願意走，還期待賺的更多，捨不得賣，結果就是收益不穩定，甚至被套牢。每當股市暴跌的時候，都會暴露出很多人性的弱點，充分說明了這個公式的正確性：即貪婪+恐懼=虧損。

市場由許許多多的投資者組成，其中大量是散戶，大家的情緒比理性更加強烈，恐懼和貪婪使股票價格在公司的實質價值附近跌宕起伏。巴菲特多次告誡大家，應當在「別人貪婪時我們恐懼，別人恐懼時我們貪婪」。

對很多人來說，錢永遠是賺不夠的，貪婪成了成功投資和理性投資的殺手。小陳在大牛市的行情下進場，把多年的積蓄投入股市。股市持續走高，不到三個月，他帳面上的資金就翻了一倍。他非常得意，認為股市會一直走高，所以遲遲不肯拋售，希望能夠再多賺一些。看著帳面滾動的數字越來越多，小陳的野心也越來越大。可是好景不長，兩個月後的一天，股市連續出現暴跌，眼看著資金一天天的縮水，小陳心裏充滿了恐懼，於是終於在股本只剩七〇%的時候停損出場。由於貪婪，總想多賺一點點，遲遲不肯拋售手中的股票，結果反而虧損離場。小陳感歎說，人真要是懂得知足就好了。

其實貪婪和恐懼是股票投資中的大敵，因為貪婪大家不願意拋掉不斷上漲的股票，因為恐懼才會胡亂賣掉手中的股票。但是，歷史無數次證明，沒有誰能夠以最高價賣出。因此不要使貪婪成為成功的障礙，投資中應該時刻保持「知足常樂」的心態。

同樣的，恐懼也會妨礙我們在股票投資中做出正確和理性的判斷。在股價下跌時，怕股票會跌得更深，把賺來不易的差價賠掉，所以急著把股票賣掉，結果導致無法在高處獲得較大的利益。而當股價處於低位可以適時買入時，又心懷恐懼，害怕股市會更進一步下跌，甚至崩盤，於是錯過最佳的買入機會，或者雖然有意買入，卻找個理由使自己沒有採取行動，最後錯過最佳的進入時機。

當我們恐懼的時候，我們就無法實際地評估眼前的情況，而一心都把注意力集中到了危險的一面，當熊市逼近的時候，我們就會一直緊盯著不放，無法理性的判斷和分析熊市對我們的「有利」和「不利」的兩面因素的整體情況。當我們一心一意注意股市令人氣餒的消息時，自認為行動是基於合理的判斷，其實這種判斷已經被恐懼感所扭曲了。當股價急速下降時，會感到錢財離我們遠去，如果不馬上採取行動，恐怕會一無所剩。所以，與其坐以待斃，不如馬上行動，才能「轉輸為贏」。其實，即使處於熊市，我們一樣有獲利機會，股票也會上下起伏，每次下跌總有反彈上漲的時候，畢竟股價不會像飛機一樣一墜到底。而當股價下跌時，股價往往變得非常便宜，獲利空間也會更大。

所以，當我們心中充滿「貪婪」和「恐懼」時，就無法保持長期的眼光和耐心。散戶們必須克服這兩種心態，像巴菲特一樣，在別人貪婪時恐懼，在別人恐懼時貪婪，才能具備成功的基礎。

不要幻想一夜暴富，那樣會讓你喪失做回普通人的權利。時間是位藝術大師，他會慢慢撫平你的暴利心態，讓你重新找到生活的平衡感。

Gold Edition Warren Buffett 9

忠告二

知己知彼，百戰不殆

《孫子兵法》上說：「知彼知己者，百戰不殆；不知彼而知己，一勝一負；不知彼，不知己，每戰必殆。」意思是說，在軍事紛爭中，既瞭解敵人，又瞭解自己，百戰都不會失敗；不瞭解敵人而只瞭解自己，勝敗的可能性各半；既不瞭解敵人，又不瞭解自己，那只有每戰必敗的份了。「知己知彼，百戰不殆。」這一規律不僅為古今中外許多軍事家所推崇，作為一種智慧，一種決策致勝方略，它同樣適用於社會生活的各個領域，特別適用於當前的經濟領域。

股市永遠是個風險與機遇並存的市場，裏面也沒有常勝將軍。無論你是第一次介入股市，還是股市老手，都面臨風險問題。散戶的特點是資金力量薄弱，資訊不夠流通，但是每個人開戶的目的都是為了賺錢而不是支援股市建設。因此，強化自身力量，知己知彼是股市中的第一要義。如果沒有十足的把握，乾脆就不要投資。

巴菲特就從來不做沒把握的投資，他是一個極度保守、穩健的人，他能夠長期戰勝市場，並不是靠僥倖。如果沒有一個肯定的結論，他就不會投資，寧願等待。他必須確定他要買的這支股票是他所熟悉並且能掌握的，必須有良好的發展前景和獲利能力。如果他沒有百分之百的把握，他絕對不會貿然行動。巴菲特就像一隻潛藏在叢林中的獵豹，常常用敏銳的眼光觀察著他的獵物，等到他確定這個獵物是他想要的並且能夠滿足他的需求，才一躍而出，一擊即中。

怎麼樣才能達到知己知彼這種境界呢？大家對投資股市都有不同的感悟、不同的重點。歸納起來不外乎就是分析、靈感和運氣這三點。

分析是投資股市的基礎。分析是需要靜下心來做的事情，就是對大盤、個股以及走勢的研究和判斷。當然還包括了大的方面就是對宏觀形勢即國際、國內政治經濟形勢的分析；微觀方面則要具體到個股的基本面、技術面。只有分析透徹了，才能做到心中有底，才有相應的對策、思路。分析好了我們才能做到心中有數，即擁有買入的信心、持股的耐心和拋股的決心，這些都建立在對股市、股票的堅實分析基礎之上。散戶投資股市，心態最重要，而好的心態也是來源於紮實的分析；沒把握的東西怎能讓人放心呢？這就是我們這裏要說的知己知彼。

靈感和運氣都是難以琢磨的空氣。因為股票的運行可以說是一個機率事件，沒有誰能夠全面掌控。分析正確是基本，但具體走勢最後經過市場的檢驗，但是市場並非完全理性，因此容易出現誤差。但是運氣並非迷信，不能盲目崇拜。

綜上所述，我們能做的就是做好自己該做的準備，迎接挑戰。越能做到知己知彼，就越能瞭解自己的長處和短處，就更加容易發揮自己在市場內投資時的長處和改善自己的短處。連巴菲特都不打無把握的仗，何況我們呢？在進入股市之前，多問問自己，到底有沒有做到知己知彼、胸有成竹，因為這是在股市中取得較大勝算的必要因素。

第一節 全面瞭解股票是基礎

> 許多人盲目投資，從某方面來說等於是通宵玩牌，但卻從未曾看清楚自己手中的牌。
>
> ——巴菲特

如果你不知道什麼是年報、不知道公司股東大會有些什麼內容需要關注，最好不要讓自己陷入股市中，因為全世界股票投資者都應該知道的事，你卻不知道，也不關注。除非你進入股市只是想為了救濟證券商們。

如果你不知道權證與股票的具體區別，最明智的辦法就是在真的弄明白之前不要買入權證。除非你意志力很堅強，或者你一向視金錢如糞土。

如果你對股票的判斷，是構建在對電視臺的股票評論家們發言的基礎上的話，趕緊反省一下自己，並認真思考一下這些所謂「情報」的可靠性。

「謀定而後動」是中國古代哲人信奉的真理，巴菲特用他的智慧在不斷的重新詮釋。一旦決定投資，他基本上會長期持有，之所以有信心，是因為在作出投資決策前，他總是花上數個月、一年甚至幾年的時間去考慮投資的合理性，他會長時間地翻看和跟蹤投資企業的財務報表和有關資料。對於一些複雜得難以弄明白的公司他總是避而遠之。只有在透徹瞭解所有細節後巴菲特才作出投資決定。由此可見，成功的因素關鍵在於在投資前必須有詳細周密的分析。

對比之下，很多散戶喜歡道聽塗說的小道消息，或只是憑感覺進行投資，完全沒有進行獨立的分析，沒有盈利的可靠依據，這樣投資難免會招致失敗。巴菲特認為，想要獲得股票投資的成功，不瞭解股票市場，就像打一場無把握的戰爭一樣。因此，投資股市之前，先問問自己，是不是真的瞭解了這個遊戲規則？

股票是有價證券的一種主要形式，是指股份公司發給投資者，用以證明其在公司的股東權利和投資入股額度、並據以獲得股利收入的有價證券。股票的持有人，當然包括散戶在內，都是公司的股東，在法律上擁有了股份公司的一部分所有權，享有一定的經營管理上的權利與義務，同時也要承擔公司的經營風險。

要想在股票市場賺錢，就先好好瞭解一下股市的術語吧！（請參考附錄一）

第二節 人貴有自知之明

在股市上，經常是坐著豪華轎車的人，向坐公車的人尋求投資建議。即使他做得相當成功，但適合他的方法，並不一定適合你。

——巴菲特

在生活和工作中，大家都很有自知之明，都知道有些事別人能處理得很好，自己卻不行。但在選股時，很多人卻喜歡說：「別人能選，我也能選。」事實上有很多股票，別人能選，你卻不能選。在投資中也是這樣，別人賺錢的方法不一定適合你，別人選的股票也不一定適合你買。人貴有自知之明，不要不假思索地模仿別人能做，自己卻不能做的事情。

我們知道，猴子喜歡模仿別人，但是這往往也讓牠們吃盡了苦頭。一隻猴子坐在一棵大樹上，看見漁夫在河裏撒網捕魚，牠便仔細看他們的動作。一會兒，漁夫們收起了網，吃飯去了。猴子便連忙從樹上爬下來，想要去模仿漁夫捕魚。但當它拿起網準備撒網捕魚時，網反而把自己套住了，小猴子差一點被淹死。最後好不容易逃離漁網的小猴子自言自語地說：「唉，我真是活該！還沒有學會撒網，我還捕什麼魚呢？」

散戶們就很容易犯小猴子的錯誤。對自己還沒有理性的認識和判斷的時候，就盲目去做，結果通常與理想謬以千里。雖然股票都是一樣，但是每個人和別人都不一樣。要投資成功，必須首先正確認識自己，有自知之明。記住：天使之所以會飛，是因為她們把自己看得很輕；大師之所以會賺錢，是因為他們把自己看得很笨。

進入股市時，先認清你的風險承受度和所要的投資報酬率是多少。如果市場沒有按你預定的軌道運行，你應該怎樣去應變？最好提前想好並寫下應變的策略，一定不要被市場行情沖昏了頭腦。特別對散戶而言，通常是進場幾天後，自己都記不起買股票時是怎樣想的。如果你的停損點是一〇％，即一五元進貨，停損點就定在一三．五元，不要考慮太多，股票跌到一三．五元就說再見。如果你的原計劃是一〇元入股，投資報酬率設定為五〇％，漲到一五元賣出獲利，那麼股票升到一五元時就堅決賣出，不要猶豫。股票投資中的方法實際上沒有什麼對或錯，關鍵是你需要找到適合自己風險承受度的方法，且堅決按照這個方法去做。

隨著經驗的增加，大家都會不斷改變自己的方法，這就如螺旋一樣，轉了一圈，看上去你似乎還停在原位，但實際上你已經跟以前不一樣了。方法可以修改，也必須隨著經驗的積累而修改，重要的是在任何時候，都必須有個指導行動的方法，並且用它來指導你的行動。

散戶們最易犯的錯誤之一就是缺少計畫。覺得這支股票的股價很低了，或某人說這支股票好就買進。買進後怎麼跟蹤就茫無頭緒了。什麼情況下停損，什麼情況下停利，一問三不知。你若也是其中一員，趕快學著定好自己的計畫。要知道股票這所大學的學費往往是很貴的。

巴菲特告訴我們：要想投資非常成功，你必須具備良好的性格。有些人性格過於敏感，從他們的臉上就能看出他們持有的股票今天是漲是跌。一看哪支股票漲得猛，就想追進去賺一筆。結果往往是買入不久就開始下跌了，正好買在最高點。一看手裏哪支股票跌得凶，就害怕得趕緊拋出去，結果不久就反彈了，正好拋在最低點。巴菲特曾經多次警告投資者，如果無法忍受自己的股票大跌，無法在市值損失五〇%時，仍然堅持持股不動，就不要投資股票。

華爾街很多著名的專家，都在這上面栽了跟斗，受到了市場的懲罰。很多人太過自信，如果他們認為股票要升，就堅定地跟進，不管市場是否跟他們預測的一樣。如果對了，當然皆大歡喜，如果選中的股票不升怎麼辦？結論自然是市場錯了，市場還未體驗到這支股票的價值。結果導致很多專家，一個個都從寶座上跌了下來，害人害己。這樣的故事非常之多。越聰明的人，越容易自以為是。他們在生活中的決定通常正確的居多，有些是開始不對勁，但最終證明他們的正確。但是在股票投資中，或許最終他們確實是正確的，但在市場證明之前，他們可能早已輸光回家了。不要自以為是，不要有虛榮心，按市場給你的資訊來決定行動計畫，一有不對即刻認錯，這才是股市的長存之道。

因此，在股市中，我們只有深刻認識到自身的短處，才能最大地發揮自己的長處。對於散戶來說，更應該正確認識自己，要有自知之明，能做就做，不能做就不做，有所為而有所不為。

第三節 絕對不跨入不熟的行業

> 你應該選擇投資一些連笨蛋都會經營的企業，因為總有一天這些企業會落入笨蛋的手中。
>
> ——巴菲特

每一個成功的人都有一片自己非常熟悉的領地，讓他們離開這個領地換個領域發展，他們過去形成的習慣，往往會成為他們的負擔。我們看NBA時，常常會被寇比行雲流水般精彩的球技所折服；我們看網球時，也經常為費德勒的瀟灑球技叫絕。但是如果讓費德勒去打NBA、讓寇比去打網球，恐怕只會讓大家跌破眼鏡。作為職業選手，費德勒們在網球生涯中，握拍、揮拍、發球和回球等動作的方式已經成了一整套習慣，而當讓他們改去打羽毛球甚至打籃球的時候，打網球養成的習慣幾乎全都會成為一種障礙。

實際上，股票投資也是這樣。中國有句古話叫生意不熟不做。在股市投資中，就可以理解為，不熟悉、不瞭解的上市公司不去參與，把自己投資的目標限制在自己能夠理解的範圍內。巴菲特亦認為：「對大多數投資者來說，重要的不是他們知道多少，而是他們能在多大程度上認識到自己不懂什麼。」成功者之所以會成功，是因為他們成功的認識到自己的領地在哪裡，因為這是他們必備的常識，而且越成功的人越專業。

在股市中也是一樣的道理，成功的投資者往往都把注意力集中在一小部分投資標的中，並且劃定了他們自己的能力範圍，因為只要不超出這個範圍，就擁有了一種能讓他的表現超出市場總體表現的競爭優勢。如果他將注意力轉到了其他類型的投資上，他就將失去自己的競爭優勢，而其衡量一筆投資是否有理想的平均利潤期望的能力就會失效。

因為分析股票或基金對於一般散戶太過深奧和複雜，而且費心費力，散戶們很容易因一時念頭而將所有積蓄投入某一支股票。如果是出去旅遊，人人都會花很大的功夫研究去什麼地方，準備什麼東西，選擇怎樣的交通方式省錢省時，還有到了當地的安排等等。但當他們準備購買股票的時候，卻很少有人會花和旅遊同樣大的精力去研究公司業績。如果沒有調查和研究，那麼最好不要涉足股票這行，還是將資金交給法人打理，購買基金更加穩妥一些。

如果你不是抱著玩玩的態度來投資，而是想透過投資賺錢養家、買房、發財致富，那就必須付出大量精力和時間，在經驗中逐步積累更多的知識、能力和技巧。投資大師們都充分懂得不熟不做的道理，不理會他不瞭解的投資對象，是因為他知道自己的不足，這為他自己劃定了清晰的能力範圍。他的能力之外的高山，會被他忽略，這是為了相對成功的把握。

巴菲特就是透過思考以下問題來劃定自己的能力範圍：其一，我對什麼感興趣？其二，現在我瞭解什麼？其三，我願意去瞭解什麼，學習什麼？

不熟不做也是巴菲特投資的一個習慣，所以他永遠只買一些傳統行業的股票，而不去碰那些高科技股。傳統行業，簡而言之就是能夠預測其未來發展趨勢的行業。巴菲特在一九九八年對於網路公司投資的評價是，他並非網路股的專家，當時他認為自己看不清這個行業的發展前景，而經過網路泡沫的洗禮之後，巴菲特慢慢認同新經濟時代的來臨，並認同新經濟時代所產生的新興行業開始步入收穫期，已經值得投資，所以不熟不做也需要動態的考慮和觀察。當每個人工作中離不開電腦的時候，電腦產業也就是傳統行業了。

二〇〇三年巴菲特的投資組合明顯的展現了這一理念。很早以前巴菲特就擁有了可口可樂公司的股票，可以說巴菲特對可口可樂公司再熟悉不過了。對其他公司，巴菲特都是密切跟蹤了多年之後才出手。

巴菲特認為，我們的重點在於：試圖尋找到那些在通常情況下，未來十年或者十五年、二十年後的企業經營情況是可以預測的企業。這就所謂的巴菲特能力原則，巴菲特遠離那些自己能力所無法把握的投資項目。巴菲特尚且如此，我們普通的散戶能夠說看到新能源、看到新科技就能預測他未來的發展嗎？

巴菲特投資那些現在的經營方式與五年前甚至十年前幾乎完全相同的企業，據統計一九九〇年～二〇〇〇年間，財富雜誌世界五〇〇強中只有二十五家能夠達到業績優異的雙重標準：連續十年平均股東權益回報率達到二〇%，且沒有一年低於一五%。

這些超級明星企業同時也是股票市場上的超級明星。這些公司之所以能在十年前就達到持續盈利增長的競爭優勢，當然可以相信在未來能夠更大的提高它的增長能力。

巴菲特說，我喜歡的是那種根本不需要怎麼管理就能夠賺很多錢的行業，他們才是我想投資的那種行業。華盛頓郵報和大都會

2003年巴菲特的投資組合

公　　司	持 股 量	持股比例（%）
華盛頓郵報	1,727,765	18.1
穆迪	24,000,000	16.1
美國運通	151,610,700	11.8
吉列	96,000,000	9.5
可口可樂	200,000,000	8.2
H&R Block	14,610,900	8.2
M&T Bank	6,708,760	5.6
HCA	15,476,500	3.1
富國銀行	56,448,380	3.3
中石油	2,338,961,000	13.5
其他	NA	NA

就是這種行業，而可口可樂和吉列都是巴菲特長期觀察的在很長年限內具備持續競爭能力的企業。

從現實來看，很多故事都可以證明，缺少專業知識的散戶們，一直是狂躁期中損失最大的群體。他們往往是在好時光幾乎就要結束的時候才實在忍不住投入，成為恰好是在泡沫破裂而股市全面崩盤前，買入的那最後一批人。因此，動態的掌握不熟不做這個簡單而深刻的道理，是散戶們在投資中必須時刻注意的。

第四節 堅決不乘坐快速電梯

> 我不放棄我所熟悉的投資策略，雖然這方法很難在股市中賺到大錢，但是我不會去採用我不瞭解的投資方法，這些方法不經過驗證，反而可能產生巨大的風險。
>
> ——巴菲特

可能很多散戶都碰到過這樣的情況，你最信任的朋友為你推薦某個公司的股票，說有內幕消息，它在下個月就會漲五〇％以上，你會怎麼做？

也許你是一個謹慎的人，由於你對這個公司一無所知，所以，第一次你會將信將疑，但一個星期以後，這支股票上漲了二〇％，你的朋友告訴你他已經賺很多了。這個時候你還能保持冷靜嗎？假設你還是比較謹慎，想再瞭解一下那家公司的詳細資料，但經過一個星期的查詢，你對這個公司到底是做什麼生意的還是糊裏糊塗，可是此時這個公司的股票又上漲了二〇％。你的朋友，以及你朋友的朋友，都在你面前興高采烈地談論他們的收益。這時你會怎麼樣？如果你的朋友說，這支股票還會繼續上漲，你打算怎麼做？

相信很多人在這個時候很難抵擋住誘惑，堅持自己當初的主張。在股票市場，很少有人只是聽朋友的建議買股票就可以發達的。恰恰相反，股市中最忌諱的就是人云亦云、盲目跟隨。對於一家你並不熟知，而其股價又直線上升的公司，你最好還是敬而遠之，儘管這並不容易。

巴菲特主張理性投資，從小到大，喝了五十二年的可口可樂，在經過詳細分析、確定有把握之後，才決定了對可口可樂的大規模投資。他曾寫信給他的合夥人：「我不放棄我所熟悉的投資策略，雖然這方法很難在股市中賺到大錢，但是我不會去採用我不瞭解的投資方法，這些方法不經過驗證，反而可能產生巨大的風險。」

也就是說，即使眼前利益不大，巴菲特也不會運用他不太瞭解的新方法去運作他的資金。同樣道理，他也不會涉足他不瞭解的企業，就算這類企業當時的股價飛漲，讓周圍的人喜笑顏開，他也並不動心。這就是他多年來在股市穩如泰山的訣竅。

散戶們由於沒有明確的投資理念，很容易衝動，常常做出有違自我判斷的投資決策。在躁動的股市中，很少有人能夠冷靜地從長遠出發，認真考慮市場變化。遇到大牛市了，人們就這山望著那山高，看到其他人都在輕鬆地賺錢，便開始「旁徵博引」，追漲殺跌；一旦一時失利，又開始了自我懷疑和怨天尤人，甚至貶低自己的知識和專業技能。股價上揚、大盤飄紅時，很多人都會認為投資股市比做其他生意容易多了，只要看看盤，在電腦上按幾下，或透過電話委託幾個號碼，就能在幾秒鐘內完成交易。很多僅憑道聽塗說的別人的一句話，就開始盲目投資買進，但在最後往往沒有好結果，很多人把辛辛苦苦存了幾年的積蓄全賠了進去。這樣的事情在股市中，並不鮮見。

致富沒有捷徑，尤其是想透過股市迅速致富。很多人盲目地投入到股市中，不認真分析，不願意花時間研究。可能他們花在選擇家用電器上的時間都比在股市上的時間多，這樣自然就沒有辦法獲利，偶有斬獲，也不過是憑一時運氣，難以長久。

很多人都在對某一事物有所瞭解以後，總是認為我明白，我懂，我可以，而巴菲特在選股時，常常老老實實的承認：「我不能。」只有真正瞭解了一家公司後，巴菲特才會有所行動。對一個公司瞭解到什麼程度，才算是真正的懂呢？

巴菲特要收購一家公司，這家公司的總經理過來與巴菲特交談，巴菲特問了一些問題，讓這個總經理大吃一驚：巴菲特比我對自己的公司還要瞭解。因為巴菲特在分析公司追求的目標時，會比上市公司的管理層更瞭解上市公司。

我會讓自己沉浸於想像中：「如果我剛剛繼承了這家公司，而且它將是我們家庭永遠持有的唯一財產，那麼，我將如何管理這家公司？我應該考慮哪些因素的影響？我需要擔心什麼？誰是我的競爭對手？誰是我的客戶？我將走出辦公室與客戶談話。我從這些談話中會發現，我這家企業與其他企業相比，具有什麼優勢與劣勢？」

透過這些我們應該明白，巴菲特在股市輝煌的戰績並不是偶然的。對於散戶來說，可能像巴菲特那樣全面的瞭解一家公司存在很多困難，但是一定要切記：在佈滿風險的股市中避開風暴的秘訣之一就是，堅決不要搭乘你並不明白原理的快速電梯，因為當它降下來的時候速度也會同樣的迅速。

第五節　胸有成竹計畫先行

> 在做投資之前要制定周密的計畫。
>
> ——巴菲特

可能很多散戶都經歷過「暴漲——暴跌——再暴漲」的股市行情，股市的無規律性就像「雲霄飛車」一樣的考驗著大家的神經。小王就因為前幾年投資股市差點血本無歸，發誓再也不涉足股市了，可是面對難得的牛市，他又禁不住身邊人頻頻傳來捷報的誘惑，將準備買房子的錢投了進去，剛開始小賺了一筆，做什麼都是樂呵呵的，覺得自己作了一個明智的決定。可是後來，行情慢慢變得不可控制，小王的神經開始緊張起來，最後搞得房子只剩下半套，沒法給家人交代，以至於患上了神經衰弱。

像小王這樣的散戶不在少數，大家都抱著「想贏怕輸」的心態，導致每天神經繃緊，連正常的工作都受到影響。其實我們太辛苦了，再看看股神巴菲特，他安居於小鎮、恬淡投資，而我們卻天天只顧著追漲殺跌、疲於奔命。

事實上，我們不僅僅要關注市場價格，還不應該忽略資金本身的調度和計畫。巴菲特將投資計畫作為自己的投資核心部分。投資計畫是重要的商業秘密，是核心競爭力的集中展現。他認為每個投資者水準如何，業績差異多大，最終落腳在投資計畫上。

巴菲特經常說：「股市賺錢的必備條件是『特殊的賺錢氣質』，而『不必有過人的智慧』，精明與投資獲利之間不能畫上等號。」他還舉了古今二例。

古例是發現「萬有引力」的大科學家牛頓，本來在股市上大有斬獲，後來經不起誘惑再度進場，終於一敗塗地。牛頓因而說出「我有辦法計算天體的運行但無法預測散戶情緒」的名言。巴菲特說，「世上最聰明的人」牛頓尚在股市失手，可見精明並非賺錢的必然條件。

「今例」則是美國聯邦住房貸款公司董事局有兩名華爾街公認的投資天才，去年卻在衍生工具投機上虧本了六〇餘億美元。

巴菲特的結論是，在股市賺錢需要「特殊的氣質」。這個所謂「特殊的氣質」，其實就是合理的投資計畫。巴菲特公開表示，他可以大談他的投資哲學，有時候也會談他的投資策略，但他絕不會談他的投資計畫。由此我們可以看出投資計畫的重要性了。

我們可以把巴菲特多年的投資方式總結為投資三部曲，即相馬、等待、出擊。巴菲特首先對自己感興趣的公司進行伯樂式的比較，一旦看中一家公司就會長期跟蹤，等待合適的價格，最後一步就是時機來臨時一舉收入囊中。巴菲特一直使用這種投資方式，可以說達到了爐火純青的地步，對各個環節的操作無不得心應手。巴菲特就是靠這樣的投資方式起家的，他的投資方式也成為股市上的經典之作，被眾多散戶紛紛效仿。

當然，投資計畫絕對是建立在全面瞭解股票的基礎上的，正如我們前面談到的，知己知彼。其中，知彼是全面瞭解股票，學會正確的分析方法；而知己，就是要學會制定周密的投資計畫。在瞬息萬變的股市中，將你的資金做最恰當的運用，當各種情況發生時，都能有充裕的時間來調度，應對自如，就是運用資金做你想做的事。

任何事物都有自己內在的規律，其實股市也不例外。但是，假如股市規律像「水往低處流」之類的規律那般簡單明瞭的話，估計只有零智商的人才會在股市上賠錢了。股市規律有著自己的特點，而且影響股市走勢的因素很多，既有經濟因素，又有政策因素，還有眾多散戶、投資機構相互博弈也在影響著股市，因而，變化是股市永遠不變的主題。短期的變化更是難以預測，但股市仍是有規律可尋的，影響其走勢的主要因素並不複雜，就是股市的內在價值，因此，首先要抓住其本質的東西，然後根據自己的經驗來做出較為準確的判斷，雖然不能準確無誤的預測股市的變化，但總能把握住其大勢所趨。

巴菲特告誡投資者：「永遠持有一部分現金，不要將錢全部投入股市。」一旦把錢投入股市中，這些錢的流動性就受到了限制，就不能隨便的取出作為他用，除非你不計虧損的成本。股市中的機會飄忽不定，說不定什麼時候就來光顧你了，如果你把錢全部都投進股市了，你就沒有能力再來抓住眼前的機會。要根據自己資金的實力，量體裁衣，計畫先行，來決定自己應該投入多少，做到遊刃有餘，任何時候都不受資金的限制。當然，更不能超出自己的負擔範圍。

每個人的情況都有差異，因此，股市投資要根據自己的情況而定，尤其是對散戶而言，量體裁衣更為重要。對散戶們來說，手中握有的股票種類應該儘量單純，最好不要將資金分配得太分散。資金分散有時候不但達不到分散風險的作用，可能還會將事情搞得更糟糕，增大風險。就好像一個普通人，在沒有經過任何的練習的情況下，非要像雜耍演員那樣表演拋雞蛋。肯定的情況是，所有的雞蛋都會摔破，但是如果他只拋一枚雞蛋的話，情況就會好很多。

而真正的分散風險的做法，概括的說，就是不要一次把所有可投資的資金全部扔進市場。在具體操作上，可以將資金分成三份。第一份可以作為第一次投入的先鋒隊，就如我們玩的戰略遊戲一樣，總要有先鋒隊出去探路，但是不宜投入過多的兵力；第二份作為籌碼，就如遊戲中的主力部分堅守基地一般，主要是求穩；第三份作為補充資金，即在遊戲中穩住自己的陣地，而當各方面發展比較強大的時候，主動出擊，進攻敵人一般。例如，如果我們有十萬元，就可以分為四萬、三萬、三萬這樣三份。在作了價格行情分析後，適當選擇品種投入第一份資金，這個時候切忌過貪。當觀察一段時間後，行情跟預測的一樣，再投入第二份資金加碼，並且隨即選定獲利點，達到目標後不要猶豫戀戰，要果斷退場。最後一份資金三萬元，我們可以靈活掌控和運用，在行情好時進攻，行情不好時撤退，保住自己的資金。

像我們所說的資金計畫只是散戶們可以選擇的其中一種，大家可以根據自己的實際情況進行安排。但是必須要注意的是，所有這些計畫都必須建立在精確的行情判斷基礎上。而且一旦制定了資金計畫，就要時刻保持清醒的頭腦，不要被行情控制情緒，行情走跌時也不要亂了陣腳，隨時尋找反攻機會。

致富沒有捷徑，尤其是想通過股市迅速致富。很多人盲目地投入到股市中，不認真分析，不願意花時間研究。可能他們花在選擇家用電器上的時間都比在股市上的時間多，這樣自然就沒有辦法獲利，偶有斬獲，也不過是憑一時運氣，難以長久。

9 忠告三

大道至簡

無數的動植物構成了美麗複雜的世界。雖然我們的世界紛繁複雜，但是發展奧義卻是簡單的兩個字——「競爭」。這就是「大道至簡」，越是簡單的，越是有效，越是長久。

巴菲特親身實踐了「大道至簡」這四個字，他憑著誰都可以做的普通信條，找到具有競爭力的公司，分析其內在價值，發現它遠遠高於現在的市面價值，然後大量買入，管你是熊市、牛市，然後就放個十幾二十年。他對每日的行情，一點興趣都沒有，還勸人，只有離開躁狂的股票市場，才有可能發財。只要有耐心，誰都做得到這點。他的分析方法也非常簡單，他認為投資專業的學生，只需要兩門教授得當的課堂，即如何評估一家公司，以及如何考慮市場價格。

散戶們都喜歡到處打聽投資股市的絕招，希望有一天找到那些賺大錢的捷徑，可以不斷地贏錢。還有些人見風就是雨，故作高深，說自己的方法怎麼怎麼樣，彷彿讓大家都搞不明白，才能顯示出自己的高深之處。其實股市裏的基本技術就是那些，大家可能各自有各自的一套操作辦法和理念，但也大都是從基本的技術中變化出來的。

所謂大道至簡，越是有效的方法，往往越是簡單。以走圍棋為例，真正的高手從來不會以用迂迴複雜的方法來取勝而為榮，簡單的才是美好的。當我們覺得某件事情很複雜，做得很艱難的時候，我們必須要反思一下，是不是找對了方法。古人覺得日行千里很難，且很辛苦，因為那時侯的交通工具只有自己的雙腿和馬匹。現在我們有了飛機，可以日行千里。我們可以想像，若干年以後，人要日行百萬里，也並不會是困難的事情。

對散戶們來說，多學習那些基本的技術和技巧，把那些基本的東西先弄清楚，不要連基本的知識都不明白，就去學那些非常複雜，而在實戰中又作用不大的技術。在學好了基本功以後，像巴菲特一樣，採用一些簡單而有效的方法來指導我們的操作，是散戶需要努力的方向。

第一節　崇尚簡單的投資理念

最簡單的股經最賺錢。

——巴菲特

在股市中沉浮，可能很多散戶都會不停的思考一個問題，要達到投資技巧的最高境界，一定什麼奇招妙計。可事實上，投資技巧的最高境界就是——沒有技巧。有的散戶可能會感到奇怪：沒有技巧如何能在股市中獲利呢？

很多在股市中成為富豪的人，不是靠一時的小技巧獲利的，而是透過正確的投資理念保持穩定收益的。比如巴菲特透過股票投資而成為世界富豪，他投資股市就沒有過於花稍的技巧。很多投資者對巴菲特的投資方法不認可，認為巴菲特的方法不過就是死抱著股票不放，不能叫「投資」，因為他既不會追漲也不會殺跌，更不會看著盤面變化頻繁短線操作。

可問題恰恰出在這裏。巴菲特之所以會成為世界股神，就在於：「堅持」。而股市中自以為是的散戶們，認為自己學會了「十八般武藝」，每日裏全天候操作，買進賣出忙得不亦樂乎，卻並很少有人能夠成為一代富豪，心力交瘁不說，還常常虧損。我們常常看到，在武俠片中，神功蓋世的武林大俠們練到頂尖絕學時，往往是神似而非形似，「手中無劍，心中有劍」。巴菲特的親身實踐告訴我們，投資技巧的最高深技巧就是沒有技巧，也就是能夠超越一般的技巧，即憑藉著正確的投資理念來獲取長期穩定收益方法。

在半個多世紀以前，英國著名數學家羅素就曾經給他的學生出過一道題：一＋一＝？題目寫在黑板上，高才生們面面相覷，卻沒有一人作答。大家都在心裏盤算著，尋找著各種不同的可能性：一個男人和一個女人可以生下一群孩子，企業界的強強聯合將獲取幾何倍數的發展——遇到這類的情況，一加一該等於幾，誰也不能判斷出來。一個如此簡單的問題可以有許多種不同答案的，沒有人敢輕易作答。但是羅素給出的答案卻跟許多幼稚園的小朋友一樣：在等號後面寫上了二。他對自己的學生說：「一加一等於二，這是真理。面對真理，我們有什麼猶豫和顧忌的呢？「一＋一＝二」，這是一個簡單的真理，絕對不應該等於別的什麼。我們也不應該在面對這樣簡單的問題時無所適從。

但是在股市中，散戶們常常捨棄簡單、推崇複雜，越是複雜的東西越認為有效，其實，事實卻恰恰相反。「追求簡單，避免複雜」就是巴菲特投資理念的核心部分。這看起來很簡單，只包括兩個部分：買什麼股票，以什麼價位買？聽起來的確很簡單，似乎人人都會，但是巴菲特卻擁有將這兩招用得出神入化的能力，並且在股市上屢戰屢勝。

巴菲特曾對大家提出過這樣的忠告：「投資人操作應該遵守越買越少的原則，在股市冷清之時買入，當股價上漲後，如果看不準，就不要再加碼，先試探一下，確信還能持續上漲幾天時，才可買進，但量一開始要小。」這就是散戶操作中的循序漸進法則。

比如，你以一〇〇〇美元買入了可口可樂公司的股票一〇〇〇〇股，當股價上漲到一二〇〇美元時，可再加碼，但不要太多，加三〇〇〇~五〇〇〇股即可；等股價再上漲到一五〇〇美元時，可繼續加碼，但加二〇〇〇~四〇〇〇股就行了。

這種「越買越少」的操作方法，最適合股市中的散戶們。遵守這一原則，雖然買進的成本逐漸提高，但由於買進的數量越來越少，所以成本增加的幅度較股價上漲的幅度小，投資風險也相應地越小。

當然巴菲特並不是什麼都不做，完全憑感覺去操作的，他注重對公司的分析研究，透過閱讀大量的年報、季報和各類期刊，來瞭解公司的發展前景和策略，然後再仔細評估一家公司的投資價值，把握好進場時機。他相信自己的眼光和自己的判斷，不會輕易受別人的影響，用他的話來說，就是「我無意嘗試和參與某些全國性的大潮流。」巴菲特不崇尚抽象的概念或理論，而是喜歡十分實際的語言；他不把股票當成買賣，而是當作自己的生意——或者不能全面收購的生意的部分。很簡單，這就是是他的投資理念，甚至代表了所有股市投資的精髓。

雖然巴菲特每年的收益率只有二二・二%，但幾十年堅持下來，卻成為了世界巨富。二〇〇八年初世界富比士財富榜出爐，巴菲特由於股票市場上升而超越蓋茲成為了名副其實的世界首富。巴菲特有句名言：「最賺錢的股經最簡單」。所以對於散戶們來說，不要盲從，對於股市來說，或許簡單的才是美好的。

第二節 隨波逐流是毒藥

> 股市在絕望中落地，在悲觀中誕生，在歡樂中拉抬，在瘋狂中消逝。
>
> ——巴菲特

隨波逐流是散戶們常見的一種心態。這是指散戶們在自己沒有分析行情或對自己的分析沒有把握的時候，盲目跟從他人的心理傾向。心理學家認為，每個人都存在著一定程度的從眾心理，這有時也是必須的。在股市上也不例外，股市上的交易氣氛，往往會或多或少地對投資人的決策產生一定的影響。到證券公司營業部現場從事交易的投資人，大概都有過被交易氣氛所左右，最後身不由己地跟著氣氛買進或者賣出的經歷，因為大家一般都不會拿自己的血汗錢去冒險。這種隨波逐流、盲目跟進的心理決定了股市氣氛。這樣往往使大家做出違反其本來意願的決定，如果不能理智地對待這種從眾心理，則往往會導致投資失敗，利益受到損失。

藝術品投資很賺錢，但是對藝術品投資有所瞭解的投資者並不多。很多投資者都是跟在高手後面，盲目投資。高老是個沒什麼名氣的畫家，作品也不怎麼樣，所以他常常為自己作品的銷售煩惱。後來，他用高價請了幾個鑒賞名家給他的畫寫個評論，還讓名家假裝買他的畫，不久之後，高老身價暴漲，作品居然供不應求。

可以看出，高老身價飆漲就是市場中的人們盲目跟風、隨波逐流的表現。就跟我們經常聽到的笑話一樣：一個人走到路上流鼻血了，於是仰著頭止血，旁邊的路人都以為天上有什麼東西，一個個跟過來都好奇的望著天，最後望天的人越來越多，流鼻血的人捂著鼻子走掉了，還剩下一大堆路人在那不明究理的仰望著。

盲目跟風讓人變得愚蠢。

巴菲特從來不隨波逐流和盲目跟風。一九六八年，華爾街股市呈現出前所未有的繁榮，道瓊工業指數一路上揚，交易廳裏人頭攢動，委託報單如潮，幾乎令人喘不過氣來。人們爭相傳遞一個又一個能夠發財的股票資訊，又同時被急劇而來的財富迷亂了心竅。一時間，華爾街彷彿遍地是黃金，俯仰之間便能成為百萬富翁。面對如此繁盛的股市，巴菲特在將近半年的時間內卻一直少有舉措，他更多的時間只是觀察思考。大潮滾滾，巴菲特冷靜旁觀，拒絕被「金錢」所誘惑，其心志和毅力確實非常人能比。

在華爾街股市的鼎盛期，巴菲特宣告解散合夥人企業。一個專注於股市投資的合夥人企業解散，聲名顯赫的巴菲特將要退出股市經營。面對這個消息，人們驚得目瞪口呆，無法相信。而就在快年底時，奇跡發生了：股市的牛氣漸盡指數幾度飄搖，令人膽戰心驚。人們這時才想起來自奧馬哈的巴菲特和那個被解散的合夥人企業。

在二〇〇〇年，網路概念股在全世界股市出現的時候，人們對網路股異常追捧，一些虧損、呆帳率極高的股票，一沾上網路的邊便立即雞犬升天，網路股成了大熱門。但是巴菲特沒有因此亂了陣腳，他對外宣稱自己看不懂高科技，沒法投資。巴菲特的堅持又一次讓世人對他刮目相看，一年後全球出現了高科技網路股股災，泡沫滿天飛，人們這才明白「不懂高科技」只不過是巴菲特不願意隨波逐流、盲目跟風的藉口。

正如華爾街股市流傳的一句名言：「股市在絕望中落地，在悲觀中誕生，在歡樂中拉抬，在瘋狂中消逝。」巴菲特深深瞭解股市的操作規律，他最終成為這句話的受益者。

現在在股市上，我們可以看到這樣的現象，逢牛市時，大家都談論股票如何好賺，進場的人最多，成交量猛漲，達到了「天價天量」。其實，這在一定程度上是由股民的從眾心理造成的。結果，達到天價的股票持續不多久，突然下跌，受害人就非常多。

正是由於大多數散戶們跟著機構走，小機構跟著大機構走，很少有人去認真思考股市的真正情形，只會隨波逐流，才造成了人氣最弱時不敢買入，等到大家瘋狂搶進的時候才跟隨進去的現象。反而導致很多人血本無歸。

所以，股市上歷來就有「十人買股七人虧，另有二人持平，只有一人能賺錢」的說法。這是對那些隨波逐流的散戶們的最好忠告。

因此，在風雲變幻的股市中，不要對那些虛實摻半的資訊迷亂了雙眼，一定要擁有自主判斷、自主決策的能力，避免人買亦買，人虧亦虧。

第三節 謹防技術分析陷阱

> 我們要正確地認識到市場只是經常有效而已，並不像有效市場理論的支持者們所認為的總是有效。這兩種觀點之間的差別就像白天和黑夜之間的差別。
>
> ——巴菲特

在證券市場上，我們經常能看到很多神采奕奕的證券分析師，他們能夠將股票投資的「謀略」分析得頭頭是道。每天報紙和媒體上也有很多專門的股票專欄，各路專家紛紛出謀劃策，或分析大盤走勢，或探討具體技術面。散戶們往往對這些專家的言論趨之若鶩，將這些專家們的分析當成聖經。但是這些是否真的有效？是否真的能讓我們在股市裏獨領風騷？是否真能為我們帶來豐厚的財富呢？

許多事實證明，完全不是這麼一回事。股票市場上翻雲覆雨，那些分析師所謂的技術分析，實際上就像賽馬分析師一樣，他們的理論時對時錯，或者說根本就是靠運氣，他們自己也不知道有多大的把握。

所謂技術分析就是指將股票交易中的成交量，股票價位，時間座標等各種相關資料用不同的函數公式和函數圖形表示出來，並加以分析。其種種理論依據都只不過是建立在前人曾經試探過的一些經驗總結上。沒有人敢保證技術分析百分之百反應了現實行情，反之，由於資料都是可操控的，所以很容易遇到機構操盤手在背後隨意控盤，製造各種技術假像，因此各種函數圖形也一樣是可以騙線的把戲。

基於此，技術分析就像我們建立的一套套模型，其所有的預測都來自於對歷史資料的考察，它們的理論基礎是要市場本身是有效的，所有的資訊已經反應在價格中，因此，只需要對市場價格本身作出研判，就可以推斷未來的走勢。但事實上，有效市場理論在實證中並非完全成立，首先統計資料直接否定了完全有效模型，但是對於半有效模型還存在爭議。而過去走勢和未來走勢之間的確並不是完全的隨機漫步，它們之間還存在著某種微妙的關聯——而這正好是技術分析希望打開的寶庫之門，於是，誕生了各種各樣的技術分析流派：波浪、時間週期……

雖然技術分析是一種應該懂得的基本常識，跟象棋裏的「象走田，馬走日，士支對角」的規則沒什麼兩樣，但是對實際操作中的指導意義並不大。因為它們並非百試百靈，在現在的市場環境裏，能達到一半的勝算就很了不起了。就和真空中羽毛會像石頭一樣垂直快速下墜、但在氣流變幻的環境中卻無法預測軌跡一樣，股市紛繁複雜的環境會讓技術分析這根羽毛飄到不知道什麼地方去。

股市中流傳著這樣的說法：「技術面不敵基本面」就是說技術分析的風險性和不可靠性。股票的基本面是指股票當期每股利潤值，大盤走勢，行業的景氣度，企業成長性，業績預期，題材，以及有無機構入主等。這些都是真實可見的，是股票交易中不可控的因素。但是現實的情況是：「買股票的賠了，賣軟體的發了」。如果靠一個小小的軟體，就妄想能夠戰勝股市，那些製造軟體的人早就投身股市並且賺夠了。還需要以賣軟體為生嗎？

股神巴菲特就從不用技術分析，甚至討厭技術分析。他認為，證券分析師的技術分析，只是要滿足投機者的心理，以及賺取一些傭金，而對股票投資本身幾乎沒有一點好處。他說：「聰明的股票投資者是不可能按照證券分析師的技術分析去選擇股票的。」經常會有人把一些證券公司的技術分析報告交給巴菲特，但他都只是非常有禮貌的收下，卻很少花時間去仔細研讀。

經過很多年的實際投資經驗，巴菲特獲得了屬於自己的寶貴經驗。他認為要想投資成功，就必須放眼全世界，然後選擇最好的公司，而不是隨便聽從那些證券分析師的「經驗」。巴菲特說：「你見過那些口若懸河的證券分析師，鼓勵自己的孩子以他的理論去購買股票嗎？你見過他們以自己的說法去投資嗎？當然很少見到，這說明他們對自己的理論都沒有十足的把握。他們只是靠技術分析贏得投資者的尊重，然後獲取高額的傭金。他們的致富秘訣是：只要自己不親自投資，就一定能發大財。」

在股票市場上，股票不是漲就是跌，散戶們不能唯技術分析的馬首是瞻，因為其本身就是不可靠的，它並不能為我們長期帶來利潤。也許，偶爾有幾個人靠著技術分析賺了錢，但是那僅僅是因為運氣，除此以外，沒有任何意義。

第四節　該出手時就出手

> 有時行動比謹慎更重要。
>
> ——巴菲特

巴菲特在選股時十分謹慎，總是千挑萬選，還要等待買入的時機，所以一旦購入了目標企業就會長期地持有，而不會輕易地拋棄手中的股票。但是，對此我們不能一視同仁地來對待，因為巴菲特並不是對所有的企業都這樣，也並非在所有的情況下都這樣，只有利益才是永恆不變的。選擇有潛力的股票、把握最佳的股票買入價格固然重要，但是股票賣出的時機可能是獲利最為核心的一環，如果沒有把握住賣出的時機，你之前所做的一切努力都有可能化為烏有。

當情勢突變，股市出現大的逆轉時，堅持持有變質的股票就是十分愚蠢的了，此時，得放手時且放手，豈有明月永當頭？如果該出手的時候到了，千萬不要遲疑，不要依依不捨、難捨難分，要有快刀斬亂麻的決心，做到該出手時就出手。巴菲特直言不諱地告誡投資者：「有時行動比謹慎更重要。」如果總是下不了決心，機會就在猶豫間消失了，下一個機會還不知道要等到什麼時候才能出現，還不知道自己能不能等到下一個機會的到來。

巴菲特關於賣出的時機選擇有幾條至理名言：「當人們對一些大環境事件的憂慮達到最高點時，事實上也就是我們做成交易的時機。恐懼是追趕潮流者的大敵，卻是注重基本面的財經分析者的密友。」「如果連原本不太注意股票投資的人都進股市了，就表明可動用的資金差不多都進股市了，緊接著就是後繼乏力，再沒有資金可推升股價，股市必跌。相反地，當多數人都對股市不抱有希望，不願再投資股票時，想賣股票的人都賣得差不多了，股市跌無可跌，這時只要有資金投入，就可以反彈漲升。」

巴菲特認為，何時賣出股票和何時買入股票一樣重要、一樣困難，對大多數投資者而言何時賣出是最大的挑戰，很多投資者都不停地抱怨：「為什麼自己賣出的股票非但不跌反而一路飛揚？為什麼自己持有的股票總是不漲反跌。」賣出時機選擇不當，總會讓投資者悔恨不已，往往是為了避免帳面利潤蒸發而鎖定利潤賣出後，好的股票表現依然良好，這就令投資者十分懊悔，以至於下次在選擇賣出時機時更加地優柔寡斷，最終導致原來的利潤頃刻間灰飛煙滅了。

持股一年甚至兩年，手裏的股票非但不漲而且大跌，於是忍無可忍後全部賣出，但今日出局，該股明日十有八九就出現了新氣象，而且十有八九要持續數日，而你一旦追入資金，股票便立即停止了上漲，而且隨即大幅回調，再度將你套牢，似乎股市就是單單與你過不去，但是事實上，卻是投資者自己沒有掌握好賣出的時機。

從市場的角度講，下面的時機選擇可以說是投資者出手的「鐵律」：

■ 那些一年來不曾有過動作，而今又有主力介入的個股，一般的漲幅都會很大。慎重的投資者可在最低價上漲三〇～五〇%時選擇拋出，亦可繼續持股看漲，在股價創下高點後回落，跌幅超過一〇～二〇%時退場。

■ 某股票已有一段較大的漲幅空間，當許多分析師和各種媒體爭相推薦時，就是該退場的時候了。股票大幅上升後，成交量大幅放大，成交量創下近數個月甚至數年的最大值，是主力賣出的有力信號，是持股者賣出的關鍵，沒有主力拉抬的股票難以上揚，僅靠小散戶是很難推高股價的。

■ 如某股票某天莫名其妙地拉出一根長紅，且放巨量。

■ 股價大幅上揚後，除權日前後是賣股票的有利時機。股權登記日前後或除權日前後，一般會形成拉高出貨的行情，一旦該日出現大量拋售股票的情況，應果斷賣出，這反映出主力已經出貨，不宜久持此股。

■ 不求最低點買進、最高點拋出，但求心平氣和。買進股票後可給自己定下一個心理價位，一旦達到該標準後即可拋出，即使離場後還在上漲，也不會懊悔，畢竟實現了自己的目標價位。

從企業的角度來講，當發生以下幾種情況時，就是賣出股票的時機：

■ 公司基本面惡化。一旦注意到公司的基本面開始走下坡路，你就要著手考慮是否賣出該股票。透過分析公司的資產負債表，你可以大體上判斷出公司基本面是否惡化。上升的負債水準、上升的庫存和應收賬款比收入上升得更快，是判斷公司的效率開始惡化的三個常用預警信號，一旦出現這種情況，那麼，就表明公司的基本面已經敲響了警鐘。另外，公司基本面開始惡化的其他幾個預警信號有：降低的股東權益回報率、持續下降的利潤率、市場交易量連續收縮、不明智的高成本收購，以及突如其來的管理層變更等等。一旦這些影響到公司基本面的信號亮起了紅燈，那麼也就是你考慮退出冷靜觀望的時候了。

■ 股票達到期望賣出的目標價位。有時股票市場對短期事件反應過度，幾乎小道消息就足以讓股市上竄下跳，因此，給自己定下一個理想的賣出的目標價位，從而不為股市異常上漲所動，該拋時就拋，該退時就退，因為這總比盯著明升暗降的螢幕更心安理得。要知道，幾乎每一家好公司都有被市場嚴重低估的時候，同理，幾乎每一家好公司都有被市場嚴重高估的時候，股價遠遠超出其實際價值，這種情況在挑戰著對公司前景過於樂觀時發生。如果你剛好持有這類被市場嚴重高估的股票，那麼根據你的目標價位，你就應該考慮減少你在那支股票上的倉位，從而避免虛假上漲對你的利潤造成損失。

■錯誤買入的股票。「人非聖賢，孰能無過」，在處處暗流的股市上，無論你在股票研究方面花費多少精力，你都有可能會犯錯觸礁。買入一支股票後，你可能會碰到一些意料不到的情況，比如說有問題的關聯交易、變更的會計方法和下降的競爭優勢等等。如果在購買一支股票後發現了類似的問題，而且你對暗箱操作無能為力、無計可施，那麼你就應該考慮賣出，即使賣出意味著損失。明智的停損，尋找更好的投資機會，遠優於繼續持有一支註定會表現不佳的股票。

■實施投資組合的再平衡。牛市的時候，幾乎所有的股票都在上漲，此時，投資者往往會忽略公司的基本面，而且不管三七二十一地見漲就買，因此漲到最後，恰恰是那些漲勢瘋狂的股票最先跌得一塌糊塗，而遭殃也正是那些不看公司的內在價值只看股市價格的人；通常只有到了熊市的時候，投資者才會認清楚這樣一個事實，那就是有些股票即使在熊市也能上漲。具有較強競爭力的公司能夠承受住經濟炎涼，即使處於經濟的下降週期，也能堅守陣地，毫不妥協；但是沒有競爭力的公司，在市場變差的時候就會下滑得很快。

如果一支股票在過往只占你的投資組合的二〇%，但它在過去一段時間內股價翻倍，而此時，你組合內的其他股票的價格卻變化不大，那麼在這個時候，如果你將資金向漲幅較大的這支股票傾斜，並使之達到占你組合的近四〇%甚至更大的比例，這樣的話，你目前組合的表現，就是太過於依賴這一支股票了。

當一支股票上漲到占你的組合很大比重的時候，你就應當考慮賣出一部分該股票以獲得利潤，因為在這種情況下只有賣出一部分該股票，才能實現投資組合的再平衡。

第五節 熟能生巧

絕不要丟掉自己所熟悉的投資策略，即使這種方法現在很難在股市上賺到錢；不要採用自己不瞭解的投資方法，如果這些方法未經理論和經驗的檢驗，則會有產生巨額虧損的風險。

——巴菲特

簡單的事情反覆地做，就能達到駕輕就熟的最佳境地，成為某一招數的高手，甚至成為某一招數的完美化身。這也是大道至簡的最高境界。

股市中最容易獲利的方法往往是簡單的，就是運用自己最熟悉的理論，在自己最熟悉的市場環境投資自己最熟悉的股票。很多散戶喜歡追求那些所謂絕技和絕招，其實都是些故弄玄虛的東西，不過是將以前的花樣翻新，或者模棱兩可，搞得大家霧裏看花，這些東西往往是最危險的。

其實股票跟人一樣，它們都有各自的性格。如果我們長期關注某支股票，一般都能瞭解其股性。不管這支股票表現如何，都會有漲有跌的時候，如果我們掌握了它的特徵，就能從它有限的波動區間中獲取差價。對一支外表光鮮的股票，比如市場中傳說的大牛股，如果我們貿然買進，但是不熟悉該股股性，在它有所調整時不敢大膽出手，在它稍有上漲時就急忙拋出，不管這支是大牛股還是黑馬，我們也很難從中獲得理想中的利潤。

在股市中這個激流險灘中，我們難免會被石頭絆倒。絆倒了其實沒有關係，但是一定不要被同一塊石頭絆倒兩次。很多散戶往往要被同一塊石頭絆倒多次，其實大家的才智能力都是不用懷疑的，主要是要學會從失敗中尋找教訓和經驗，透過改進和調整，就能找到戰勝股市的方法。

其實，在股票市場中所謂的高手，都是透過勤學苦練掌握規律，從中找到許多竅門，最終在股市操作中得心應手。高手們在成長的過程中也可能遭遇很多挫折，但是高手之所以能稱之為高手，就是因為他們能將劣勢變為自己的優勢，從失敗中尋找經驗。一旦形成了自己熟悉的投資方法，就只是簡單的重複操作和經驗判斷。因此我們散戶在股市投資過程中，不需要太多考慮大盤的漲跌，只嚴格遵循規則，提高每一筆交易的品質。從設計自己的投資方法，到反覆修正這個投資方法，再到固定該投資方法，直到始終堅持這個投資方法，是成為成熟散戶的一個完整過程。如果這個投資方法能夠獲得大家的接受，下一位投資大師就是你了。

當然，自己熟悉的投資策略在短期內也許並不是最好的投資策略，也就是說看似平淡無奇的投資，如果能夠輕鬆駕馭，往往彰顯出高超的投資水準。

一個投資者採用一種看起來比較保守的投資方法，如果每年平均只賺到一〇%，但從來不虧損，十年以後也將成為大贏家。

這種投資方法與一年賺一〇〇%的方法比，太過於保守，但這是成為高手的條件，巴菲特對於索羅斯的暴利嗤之以鼻，最後的結果是巴菲特的財富勝過索羅斯數十倍！巴菲特沒有買過歷史上的最大好股——微軟，這種看似平凡的投資，卻造就了他的億萬財富。

股神巴菲特就是善於駕馭自己熟悉的投資方式的大師。

巴菲特投資做法是：看中具有潛力的企業（一般為壟斷行業），根據內在價值分析（我們將在後面詳細分析巴菲特的價值投資），在其股票的最低價格時買進，然後就耐心地等待。即以穩健的策略進行投資，確保自己的資金不受損失，並且永遠牢記這一點。

而且別老是指望做大生意，如果價格低廉，即使中等生意也能獲得豐厚的利潤。

同時還要讓自己的資金以中等速度增長。巴菲特主要的投資目標都是一些具有中等增長潛力的企業，並且這些企業被認為具有可以持續增長的潛力。對此，我們的投資者可能會大惑不解。

股神就是這樣，熟練地運用自己的方式，本分地做著投資，享受著高額的回報。他的投資策略其實非常簡單易學。首先是買入策略，巴菲特一直在尋求的是廉價股票，但廉價的股票要有好的增長預期，他透過內在價值分析，找出市值較內在價值低的股票，然後就會買進。其次，巴菲特的持股策略是長期擁有，堅信長線是金，靜靜的等待股票的回升，一些股市上必不可少的波動決不會動搖巴菲特的持股策略，即一旦買入好的股票，什麼情況下都不會拋。再次，巴菲特的選股策略是，投資對象一定要具有增長潛力，只要增長前景好就不理會它是否是「大」的企業。

巴菲特的這一投資方式看起來並沒有特別高深之處，人人都一學就會，可是要真正達到他的境界卻很不容易。他深諳投資之道，在股市中屢試不爽，將自己的投資方法運用得風生水起，達到了運用自如爐火純青的境界。將簡單的方法熟練的掌握，並且運用自如，這就是他的過人之處。

巴菲特關於賣出的時機選擇有幾條至理名言：「當人們對一些大環境事件的憂慮達到最高點時，事實上也就是我們做成交易的時機。恐懼是追趕潮流者的大敵，卻是注重基本面的財經分析者的密友。」

Gold Edition Warren Buffett 9

忠告四

與贏家為伍

巴菲特是全世界最成功的投資大師，是所有投資者心目中的偶像。但是巴菲特也有自己的偶像。巴菲特的偶像是一個叫做埃迪．本尼特的棒球球童。球童是幹什麼的？其實就是給球員們打打雜的，幫忙扛扛球棒，遞遞毛巾，送送飲料，幫忙幹些雜活的。就是從這個叫埃迪的球童那裏，巴菲特學到了選股的秘訣。

埃迪這個小小的球童可是不簡單。一九一九年，埃迪年僅十九歲，他一開始是在芝加哥白襪隊（Chicago White Sox）當球童，這一年白襪隊打進世界大賽。第二年，埃迪跳槽到了布魯克林道奇隊（the Brooklyn Dodgers，為洛杉磯道奇隊的前身），結果這一年道奇隊贏得了美國棒球聯賽冠軍。

在一片歡呼慶祝聲中，埃迪卻感覺事情有些不對。他趕緊跳槽到紐約洋基隊，結果洋基隊在一九二一年贏得了歷史上的第一座冠軍杯。埃迪彷彿預知到接下來會發生什麼事，他決定在洋基隊安定下來。結果埃迪後來在洋基隊待了七年，洋基隊有五年贏得美國棒球聯賽冠軍。

或許有人會問，這個球童的故事跟投資有什麼關係？很簡單，巴菲特從埃迪的經歷中學到了最重要的一堂投資課：要想成為贏家很簡單，只要與贏家在一起。（It's simple to be a winner，work with winners）一九二七年，由於洋基隊進入世界大賽八強，埃迪就分到了七〇〇美元的獎金，這筆錢大約相當於其他球童整整一年的收入，而埃迪只做了四天就拿到了，因為洋基隊四連勝橫掃對手。埃迪很清楚地知道：如何拎球棒並不重要，重要的是給誰拎球棒。他能為球場上最厲害的超級球星拎球棒，才是當球童賺大錢的關鍵。

選股是成功投資的第一步，要像你的投資取得成功，我們就必須把握好選股這一關。正如巴菲特所說：「與贏家為伍，你自然就會成為贏家」。

在股市賺錢不是件難事，但是賠錢更容易。俗話說：物以類聚，人以群分。想當贏家，就要與贏家在一起。想當股市贏家，要與超級明星股在一起。股市輸家，肯定是與績效差的股票同列。可見，投資要賺錢，選股是關鍵。要想投資業績與眾不同，你的選股就必須與眾不同。要想投資業績卓然出眾，你的選股就必須卓然出眾。

因此，要想在股市上賺錢，關鍵不在於股市的漲跌，而是在於個股的選擇。事實告訴我們：大牛市並不是選什麼股票都能賺錢，迷失方法錯失機會選錯股票照樣虧錢；大熊市也並不是選什麼股都賠錢，擦亮眼睛把握住機會選對股票照樣賺錢；是牛市還是熊市並不重要，選對股票最重要。

第一節 跟著感覺走

自己的直覺，是自己對即將購買的股票和企業的第一感覺，這種感覺是建立在對企業的充分瞭解之上的。

——巴菲特

巴菲特雖然被人們稱為「股神」，與華爾街的很多金融家一樣，擁有了豐厚的財富，但是，巴菲特卻與投資界格格不入，他的氣質也與華爾街截然不同。他不喜歡生活在紐約這個金融資訊中心，寧願蝸居在偏遠的故鄉小鎮奧馬哈，房間裏沒有成群的專業研究人員，也沒有電腦，只有各種年報和報紙資料，以及電話。他操作股票的方法在我們看來很單調，就是閱讀大量的企業年報，然後從年報資訊中判斷哪些是他心目中的「便宜貨」，就跟我們上街挑選衣服一樣，不同的是，他甚至採用了網上購買的方式，然後就是打電話委託經紀商買進。

巴菲特的生活也非常簡單和樸素，無論是少年還是暮年，不管是一文不名還是富可敵國，他都不改樸素本色，而且保持著專一的習慣。無論在何種場合，他永遠都只愛喝可口可樂，吃爆米花和漢堡。他安於穩定，喜歡懷舊，雖然名聲遠揚，但是卻一直保持著一顆未泯的童心。這個在股市上保持了連續幾十年的傲人戰績的投資奇人，生活方式和做事風格異於常人，完全就是個現代隱士。他不需要太複雜的外部措施。他的能量完全源自個人的內在。簡單就是他的力量。

那麼，巴菲特到底是以什麼來決定自己的投資策略呢？

曾有人專門就這個問題請教過巴菲特，但他的回答卻很難讓人信服——他說他的投資決定完全取決於自己的直覺，凡是感覺能夠獲得利潤的股票他都大膽的投資；而且，他從來不研究股市中的行情。巴菲特的投資公司中很多股東都說巴菲特的投資決定是盲目的，都是與股市行情相悖的；但是，這些投資決定後都被證明是正確無誤的。

巴菲特認為，一個人直覺的準確性通常是非常高的，對於股票投資來說，這一點尤其重要。巴菲特認為自己的直覺，即自己對即將購買的股票和企業的第一感覺，就是建立在對企業的充分瞭解之上的。但是，這種感覺很容易受到所謂的股市行情的干擾，特別是對於那些對股票投資不熟悉的投資者，往往受到這種干擾的影響，改變原本是正確的投資決定，使結果適得其反。幾乎所有的投資決定都是來自於自己的直覺，所以大家應該對自己的直覺有信心。

當然，僅僅依靠直覺是不行的。除了直覺外，巴菲特對自己判斷的執著堅持是他獲得成功的重要原因。他常常是買進別人非常不看好的股票，這些股票常常與潮流看法相悖，但是他堅持自己的信念買進，然後持有。最終這些股票通常透過翻倍增長來一次又一次地證明他的正確性。

上世紀七〇年代初和八〇年代末，股票市場異常瘋狂，人們個個信心百倍，巴菲特反而本能地急流勇退了。他的直覺告訴他看不懂這個市場，沒有了火花般的靈感，也對人們的行為不理解。他堅持賣空了他的股票。事實再次證明了他的明智，股災很快就降臨。事實擊碎了那些樂觀者的信心，同時證明了巴菲特的本能直覺的正確性。而就在大家膽戰心驚、沒有人願意再相信自己的時候，巴菲特又果斷的出場了。他開始大量吃進，大舉進攻，在大家都不敢放手一搏的時候勇敢的站了出來。歷史又一次證明了他的正確性，他在混亂中收益頗豐。

在這裏，巴菲特的判斷力和對機會的把握和堅持，令我們折服。要知道，他是在跟市場對抗，但是最後的結果卻是，他戰勝了市場，這需要多麼強大的力量才能做到。

巴菲特的奧秘到底是什麼？我們要是留意他平常的舉動，可以發現，他每天接聽的電話屈指可數，平時只和少數幾家伯克希爾旗下子公司的負責人保持著聯繫，很少召開會議，他把一天中的大部分時間用來思考和閱讀。巴菲特認為在辦公室沒有多少事可做。他在省去了例行會議和顧問們建言獻策的程序以後，卻能迅速地做出投資決策。

有一次巴菲特在其奧馬哈的辦公室，接到印第安那州休閒車生產商Forest River的一位顧問發來的傳真，這是一家他以前從未聽說過的公司。這位顧問建議巴菲特出資八億美元收購這家公司。信中列舉的情況令巴菲特滿意，這家公司擁有很高的市場佔有率，而且幾乎沒有負債，是巴菲特眼中的「便宜貨」。巴菲特沒有猶豫，第二天就開出了對Forest River的收購價，並提議讓該公司的創辦人彼得・利格爾繼續掌管它。在一周後的一次會議上雙方就簽署了收購協議，而這個會議僅進行了二十分鐘。他在會議結束時對公司創辦人利格爾說，這可能是一年內唯一的一次開會碰面。

巴菲特的神奇是不可複製的。一方面他擁有很高的天賦，另一方面他又非常地簡單。簡單就代表了一種力量。而這種簡單，不是誰都能學到的。股票投資界很多人都相信巴菲特具有一種天才般的直覺，這個就是巴菲特最大的力量。

為什麼巴菲特會認為，對於投資者來說用直覺比較好呢？我們不要把他所謂的「直覺」想像成一時的奇思妙想，事實上，他的直覺並非空穴來風，他對所投資股票的企業的詳細瞭解和研究是直覺的堅實基礎。巴菲特說，只要他對企業進行了詳細的研究，發現這家企業的經營令自己感到滿意，他根本就不會去理會所謂的股市行情，直覺就能告訴自己這支股票值得自己投資。

對平常的散戶們來說，不要忽視你的直覺——其實直覺就是根據自己對股票的理解，潛意識對你投資行為的指導，它告訴你該做什麼，以及該避免什麼，這些都是長期經驗的積累。但是也要注意，直覺也是把雙刃劍，用得好可能會節省我們的心智資源，用得不好也可能為我們帶來錯覺思維。對於散戶來說，也不要一味依賴直覺，因為巴菲特只有一個，把直覺建立在對股票的研究和瞭解上，才是萬全之策。

第二節 入對行，才會成為狀元

> 我喜歡的就是那種根本不需要怎麼管理，就能賺很多錢的行業，它們才是我想投資的那種行業。
>
> ——巴菲特

在自由經濟社會中，很多人都在尋找成功之道。但是，很多人找不到一個切合實際的方法。有一位成功家說：「要想成功，就必須充分地發揮自我優勢。」的確如此，在競爭異常激烈的情況下，如果你不懂得自己的優勢是什麼，並充分發揮自我優勢，甚至將自己的優勢與缺點混淆，要獲取成功當然不可能了。

很多散戶們都想知道如何才能在股市中戰無不勝，巴菲特為什麼能夠成為所謂的「股神」，他為什麼能創造出如此巨大的財富，能夠與微軟總裁比爾・蓋茲媲美呢？除了他本身比較聰明以外，很大程度上是因為他找到了適合自己的行業。一個人要成就事業，最重要的三件事就是：入對行、做對事、跟對人。其中入對行是重要的第一步。

行動要有具體的方向，這樣才能成功。投資股票要首先選擇適合的行業，選擇了夕陽行業自然就很難獲利。

前進的方向，是我們在有了一個具體的目標之後要找尋的第一步。有了正確的軌道，我們通常會一順百順；即使偶遇挫折，也不會影響大局，最終會取得一個令自己滿意的結果。沒有正確的軌道，我們會在錯誤的道路上漸行漸遠，逃脫不了失敗的厄運。所以說，有了正確的前進方向，我們才會為自己的成功邁出堅實的第一步。

在散戶進行投資的時候，壟斷型公司最具有投資價值，特別是消費壟斷型公司。巴菲特始終熱衷於消費壟斷企業，他投資的公司涉及煤炭、電力、餐飲、媒體等行業，這些公司給他帶來了穩定的利潤率，可見對行業的選擇同樣十分重要。巴菲特認為，選擇行業，最重要的一點在於如何正確預測所觀察行業的未來業績。

對一個行業的判斷應當考慮兩個問題：一是該行業的歷史，二是該行業的未來。只有知道行業的歷史發展狀況，才能很好地預測其未來，把握其明天的走勢。對一個行業的增長狀況的判斷，可以透過對該行業過去的增長率，與國民經濟增長率進行比較的方法，行業的增長率可以採取的指標是行業的產出值，國民經濟增長可以GDP增長為標準，透過兩者的比較，就可以知道行業的發展狀況，如果前者高於後者，說明該行業有著較強的發展後勢，前景看好，而如果低於後者，說明該行業已是明日黃花，說不定已進入衰退期。

如果需要準確的資料，那麼可以透過回歸的方法，對歷史資料進行回歸，從而建立起對行業未來發展預測的模型，當然這種純定量的模型，並不能對行業的未來發展做出任何保證，只是讓你對行業增長和國民經濟增長的關係有所理解。巴菲特對行業的分析，從不利用一些繁複的數學運算，他依據的是對經濟的感覺。

雖然沒有什麼模型，能準確無誤地預測任何行業的未來發展，但是，從巴菲特的投資組合，以及行業的特點來分析，我們總能找到那些具有增長前景的行業。

首先，巴菲特鍾愛的消費壟斷型企業至少在美國是具有前景的，消費是經濟發展的動力，消費型企業的穩定發展不言而喻。一般來說，任何行業的壟斷或是寡頭壟斷企業都具有較優越的發展潛力，看看他投資的企業我們就會發現，幾乎每一種股票都是家喻戶曉的全球著名企業。其中，可口可樂為全球最大的飲料公司，吉列刮鬍刀則佔有全球六〇%的便利刮鬍刀市場，美國運通銀行的運通卡與旅行支票則是跨國旅行的必備工具，富國銀行擁有加州最多的商業不動產市場並位居美國十大銀行之一，聯邦住宅貸款抵押公司則是美國兩大住宅貸款業者之一，迪士尼在購併大都會、美國廣播公司之後，成為全球第一大傳播與娛樂公司，麥當勞亦為全球第一大速食業者，華盛頓郵報則是美國最受尊敬的報社之一，獲利能力又遠高於同行業。可口可樂、華盛頓郵報、政府雇員保險公司、吉列等等，這些企業即使不是消費型企業也是該行業的壟斷或寡頭壟斷企業。

另外，巴菲特也熱衷於能源行業，隨著全球經濟的穩步發展，能源的需求將會越來越大，能源企業的前景必讓投資者咋舌。從巴菲特的投資構成來看，道路、橋樑、煤炭、電力等資源壟斷型企業占了相當額度，這類企業一般是外資進場購併的首選，同時獨特的行業優勢也能確保效益的平穩。

巴菲特投資的企業利潤不但高於同行業企業，甚至大大高於整個社會企業的平均水準，這也就是巴菲特之所以看好這些公司的根本原因。

巴菲特從不同形式的企業股票中獲利，他最喜歡的方式是擁有管理優良、財務健全、前景較好的企業的百分之百股權。退而求其次的選擇是，持有管理好、財務佳、前景好的企業的部分股票。

對於散戶們來說，首先要入對行，選擇正確的行業，才能讓自己不至於輸在起跑線上。

第三節　投資最優秀的明星企業

> 尋找超級明星企業是我們走向成功的唯一機會。
>
> ——巴菲特

金子和石頭有著本質的區別，是金子總會發光的，但是石頭永遠不會發光。要在一堆石頭裏選出一個與眾不同的石頭，肯定比在一堆石頭中選出一塊金子更難。我們股市中選擇企業的時候，要想獲得成功，就必須盯著股票中的「金子」——明星企業。當你選擇的股票只是普普通通、非常平凡的那種公司的股票，你不要期望這些公司的股票會有非同一般的業績，會有非常好的股價表現。只有那種超級明星公司，才有可能創造出非同一般的業績，才會成為股價漲幅非同一般的超級明星股。只要我們能走好第一步，選對好公司的好股票，和超級明星股在一起，就可以省事很多，因為超級明星公司就是業績和股價的保證。

超級明星股我們應該怎樣辨認？一九九二年巴菲特再次在伯克希爾年報中闡述了他十五年前講過的投資策略：「我們的股票投資策略，與以往我們在一九七七年的年報中談到的沒有什麼變化。我們挑選可流通證券與評估一家要整體收購的公司的方法極為相似。我們要求這是一家：我們能夠瞭解的；有長期良好發展前景的；由誠實和正直的人們經營的；以及能以非常有吸引力的價格買到的好公司。」

對散戶來說，這個企業首先必須簡單而且易於瞭解。只有全面瞭解企業，投資者才能有的放矢，對於投資的企業，巴菲特都有高度的瞭解，即在他的「競爭優勢圈」內，而圈外的企業，投資潛力再大，巴菲特也不涉足。

其次，企業過去的經營狀況必須穩定。巴菲特認為，只有長期以來都持續提供同樣商品和服務的企業才是報酬率高的企業。

再次是企業長期前景必須看好。這裏特別是指那些擁有特許權的企業。所謂特許權就是指該企業提供的商品和服務具有穩定的消費需求，沒有近似替代產品。這樣的企業可以持續提高價格而獲取利潤，即使在供過於求，或潛能尚未完全利用的情況下，也不會失去市場佔有率或銷售量，而且這樣的企業往往擁有經濟商譽，有較高的耐力承受通膨帶來的影響，即使經濟不景氣或經營管理不善也仍可生存。

一個優秀的企業歸納起來即要具有以下特點：

■一流業務：業務發展前景良好，有相當的競爭優勢。

■一流管理：公司管理者德才兼備。

■一流業績：有很好的盈利能力。

符合以上「三個一流」標準的，就是巴菲特心目中的超級明星企業。

巴菲特希望買到的公司，是能夠持續擁有競爭優勢達十年或二十年以上者的超級明星企業。他認為，「變遷快速的產業或許可能讓人一夕之間大發利市，但卻無法提供我們想要的穩定性。身為投資

巴菲特歷年擁有的股票組合

年份	公司名稱	組合額度	增長率（%）
1978	華盛頓郵報	19.7	4.09
	GEICO（政府雇員保險）	12.8	1.46
	SAFECO	12.0	1.11
	聯眾集團	8.6	4.20
	凱賽鋁業	8.4	1.03
	騎士報	4.6	1.36
	GEICO	4.1	2.19
	首都/美國廣播公司	3.9	1.42
1980	GEICO	19.9	2.23
	通用食品	11.3	0.96
	哈迪哈曼公司	11.0	2.68
	SAFECO	8.5	1.41
	華盛頓郵報	8.0	3.98
	美國鋁業公司	5.2	1.08
	凱賽鋁業	5.2	1.34
	聯眾集團	4.2	4.89
	沃爾沃斯公司	3.31	1.22
1982	GEICO	32.7	6.57
	雷諾煙草公司	16.8	1.12
	華盛頓郵報	10.9	9.71
	通用食品	8.8	1.26
	時代公司	8.4	1.76
	克朗佛斯特公司	5.2	1.04
	哈迪哈曼公司	4.9	1.71
	聯眾集團	3.6	7.57
	奧美國標	1.8	4.67
	聯合出版	1.8	4.81
	大眾媒體公司	1.3	2.70
1984	GEICO	31.3	8.69
	通用食品	17.8	1.51
	埃克森公司	13.8	1.01
	華盛頓郵報	11.8	14.11
	時代公司	3.7	1.42
	首都/美國廣播公司	3.7	1.05
	哈迪哈曼公司	3.0	1.42
	聯眾集團	2.2	10.95
1987	首都/美國廣播公司	48.9	2.00
	GEICO	35.8	16.56
	華盛頓郵報	15.3	33.20
1989	可口可樂	34.8	1.76
	首都/美國廣播公司	32.6	3.27
	GEICO	20.1	22.85
	華盛頓郵報	9.4	49.98
	聯邦住屋貸款抵押公	3.1	2.25
1992	可口可樂	34.2	3.82
	GEICO	19.5	48.70
	首都/美國廣播公司	13.3	2.94
	吉列公司	11.9	2.28
	聯邦房屋貸款抵押公	6.8	1.89
	威爾斯法哥	4.2	1.27
	通用動力	3.9	1.44
	華盛頓郵報	3.5	40.79
	吉尼斯公司	2.6	0.89

資料來源：《巴菲特投資策略全書》

人，對於熱門流行產業的態度就好像在太空探險一樣，對於這種勇猛的行為我們給予喝采，但是若要我們自己上場，那就再說吧！」

像可口可樂與吉列這類的公司，應該可以被歸類為永恆持股的公司。可口可樂公司在一九九五年度報告中就宣稱：「如果我們的公司被徹底摧毀，我們馬上就可以憑藉我們的品牌力量貸款重建整個公司。」也許分析師對於這些公司在未來一、二十年飲料或刮鬍刀市場的預測可能會有些許的不同，但是透過這些公司繼續貫徹在製造、配銷、包裝與產品創新上的努力，我們不得不承認可口可樂與吉列吸引顧客持續購買的魔力，它們仍將在其各自的領域中獨領風騷，甚至於他們的優勢還有可能會繼續增強。過去十年來，兩家公司在原有極大的市場佔有率又擴大許多，而所有的跡象顯示，在往後的十年間，他們還會繼續以此態勢擴大版圖。當然，比起一些具爆發性高科技或新創的產業來說，這些被永恆持股公司的成長力略顯不足，但與其兩鳥在林，還不如一鳥在手。

當然，依照標準選擇了超級明星公司後，我們還要經得起時間的考驗。因為只有企業的價值在未來出現了增值，你的利潤空間才能不斷地加大。巴菲特對外界說：「任何情況下都不要拋棄傑出的企業。」一旦抓住傑出的企業，就要耐心地等待，除非發生了足以引起企業價值發生本質變化的事情，否則，不要拋棄這些傑出的公司。

成長為一個優秀的公司，需要企業的裏裏外外都能為企業未來的發展做出貢獻，需要企業的上上下下都能把企業的前途當作自己的前途，需要企業的各方面都能為企業立於不敗之地而打下基礎。

因此，要投資一個企業，就需要綜合考察其實力，就需要具備識破天機的慧眼，就需要對之長期觀察摸透其細節。切記避免那些有著表面的虛假繁榮的企業對你的誘惑，因為它或許就是一個佈置得極其華美的陷阱，只有那些守得住自己的本份、兢兢業業地為股東謀取利益的企業，才是值得投資的目標企業。既然從一個默默無聞的企業成長為一個出類拔萃的企業，都需要花費相當長的時間，那麼，要確定自己的投資目標，當然也需要花費很長的時間和精力去小心地選擇它、精心地琢磨它、細心地研究它。妄想不勞而獲是不會有好下場的，沒有遠見和膽識的盲目投資也是要不得的，只有把握時機看準目標，進行價值投資才是上上之策。

巴菲特就像一個動盪的戰爭年代中非常有眼力的收藏家，當然他並不像一般有錢的富翁那樣搜集名畫、豪宅、古玩、遊艇以及其他華麗的生活品，來向世人炫耀或者附庸風雅，事實上他的生活非常簡樸，但他用一生花費相當多的時間，來專門搜集具有經營潛力的好公司進行投資，最後這些優秀的企業也成就了這位收藏家，使他成為股市上最為耀眼的一顆明星。

第四節　尋找具有優秀管理者的公司

我們的投資仍然是集中於很少幾支股票，而且在概念上非常簡單：真正偉大的投資理念常常用簡單的一句話就能概括。我們尋找的是一個具有持續競爭優勢，並且由一群既能幹又全心全意為股東服務的人來管理的企業。當發現具備這些特徵的企業而且我們又能以合理的價格購買時，我們幾乎不可能出錯。

——巴菲特

巴菲特說：「你能對一條魚解釋在陸上行走的滋味嗎？在陸地上生活一天的真實感覺，勝過以言語解釋它一千年，而實地親身去經營企業也是如此。」

伯樂相馬不是盲人摸象，只看局部不看整體，因此，首先要對公司有一個宏觀上的把握。巴菲特就是獨具慧眼的老手，他每年選擇的公司都是十分出色的公司，根據多年的經驗總結，巴菲特形成了一套自己的相馬聖經，譽為巴菲特的企業定律，他認為觀察一個公司的總體情況除了要容易被能夠瞭解、具備穩定的經營史以外，還有很重要的一點，就是要看公司是否具有優秀的管理層。

巴菲特在選擇企業時，很注意這個企業是否具有優秀的管理者。為了最大限度地避免股價波動，確保投資的保值和增值，總是對那些經營穩健、講究誠信、分紅回報高的企業特別青睞。但是，與此同時，對於那些總想利用配股、增資等途徑榨取投資者血汗的企業，巴菲特則一概拒之門外。公司的管理層是公司經營的核心力量，公司的發展靠的就是公司的管理層，只有具有一個素質優良、團隊合作精神佳的管理團隊，公司的發展才能有保證。如果管理層的狀況不佳，各方的態度不統一，甚至勾心鬥角，此時，就需要對公司進行更為長久的觀察，以等待公司做出調整形成更為團結穩定的管理層。另外，公司的高層是否始終以股東利益為重也很重要，只有始終把股東利益放在第一位的公司高層，才能充分保證股東的權益不受侵害。

優秀的管理者往往能決定企業的命運，因此，是否具有優秀的管理者是我們選擇公司的一個重要考慮因素。一般來說，優秀的經營管理者需要具備以下三個特點：

一、理性

有許多經營者會因為盲從而失去理性，損害了股東的利益。巴菲特認為，能獨立思考、抗拒依附他人的經營者才有競爭力。巴菲特欣賞那些將現金盈餘，投向能使股東財富最大化的計畫裏的經營者，他認為那些在找不到這樣的計畫時，勇於將盈餘歸還股東的經營者，才真正為股東服務，才有理性。

在伯克希爾公司中，巴菲特給一名經理的最高獎賞就是讓他成為企業的股東，讓他把企業看做是自己的企業。這樣，經理們就不會忘記自己的首要目標是增加股東權益的價值。他認為優秀的企業管理者必須能夠理性決策，具有獨立經營能力而不受所謂的慣性驅使，使企業沿著正確的經營路線不斷發展。

二、誠信

經營者對股東是否誠信，是衡量股票優劣的重要因素。巴菲特認為只有完整詳實地公佈營運狀況，並像公開自己的成功一樣，勇於討論自己失敗的經營者才值得信賴。而他自己作為伯克希爾公司的董事長，也正是這麼做的。

坦誠對管理者和股東都有好處。在目前的股票市場上，大多數公司的年度報表都是虛假的包裝，那些並無多少成就的公司管理者，總是千方百計的往自己臉上貼金，百般掩飾那可憐的盈餘。這種自欺欺人的做法害人又害己。

世界上沒有不犯錯的人，作為管理者，他們同樣可能擁有比其他人更多的犯錯的「機會」。隨著時間的流逝，每一家公司都會犯錯誤，包括大的錯誤和不重要的小錯誤。太多的經理們在披露資訊時過於樂觀，而不是誠實地做出解釋，這些經理們只考慮他們自己的短期利益，沒有顧及到公司和投資者的長期利益，使投資者難以理解公司的利益動態情況。

三、拒絕制度規則

管理者可以透過解決困難和改正錯誤來贏得信譽，但為什麼那麼多的年度報告中卻只鼓吹成功？如果資金的分配和利用是這麼簡單和必然，為什麼總是處理不好？其實，追根溯源，正是這些貌似無形的制度和規則，導致公司管理者模仿別人行為的趨向，而不管這些行為是否合理。

「當規則和制度發生作用時，理性是脆弱無力的。」巴菲特在企業的實踐中，深深體會到這一點。有經驗的公司管理者都是誠實而聰明的，可以自動做出合理的經營決策，可是事實上，往往由於規則和制度，扭曲了他們的決策。巴菲特認為，並不是腐敗或者愚蠢，導致公司的管理層難以抵擋那些會導致毀滅的非理性行為，而是習慣性的力量使得這些公司經理人盲從。

實際上，經營者要有自己的個性，這個對企業的經營至關重要。管理者最為為重要的素質之一，就是要自始自終能夠保持獨立思考，只有這樣才能讓企業少受其他因素的干擾。

對散戶們來說，要全面地瞭解一個公司可能很困難，但是我們可以各個擊破，從巴菲特的經驗中汲取經驗，從要素上切入。如果你發現了擁有以上特點管理者的公司，就趕緊考慮買進吧。擁有了這樣的管理者，雖然不能保證一定大賺，但是至少不會讓你擔太大的風險。

第五節 價值投資才是王道

> 尋找引人矚目的公司而不是股票。
>
> ——巴菲特

散戶們在股市中最關注的往往就是股票的價格，看著紅紅的一片就開始欣喜若狂，看到綠色就開始悲觀喪氣。大家往往把價格的漲跌與公司的好壞直接聯繫到一起。其實這種觀點是不對的。股神巴菲特所遵循的就是價值投資的理念，他認為，公司的價值決定了股票的價格。我們投資股市從表面看投資的是股票，其實投資的是一家公司的價值，也就是買一家公司的未來。巴菲特曾不止一次的告誡投資者：「尋找引人矚目的公司而不是股票！」

巴菲特用無數次的事例證明了自己價值投資理念的正確性。什麼是價值投資理念呢？通俗地來講，關鍵在於公司的內在價值和市場價格的對比，即在一家公司的市場價格相對於它的內在價值大打折扣時買入其股份。因此，我們主要關注公司的內在價值，因而投資者要在眾多的企業中尋找具有較高內在價值的企業。

企業的內在價值是一個非常重要的概念，它是評估投資企業相對吸引力的惟一手段。巴菲特認為：「今天，任何股票、債券或公司的價值，取決於在資產的整個剩餘期限，能夠期望產生的以適當利率貼現的現金流入和流出。」但是，如果單單從這個定義出發，散戶們並不能精確地甚至大概地計算出一家企業的內在價值。從定義看，「內在價值」包含三個要素：每年的現金流的金額量、折現率、年限。「內在價值」渾身散發著一種神秘感，那是因為這三個數都無法確定，而「餘下的壽命可以產生的現金」又是一個十分模糊的概念，在很大程度上是無法定量的，這取決於對公司未來的預期，而這所有的一切都是不可估量的。

雖然巴菲特本人堅持價值投資的理念，並且也時時刻刻都把公司的內在價值掛在嘴邊，但是，他卻從來都沒有明確地告訴投資者如何去計算一家企業的內在價值。因為對巴菲特來說，一切的數字與資料都存在於他自己的腦子裏，若某些投資需要經過複雜的運算才能做出決策，那麼巴菲特就認為已經失去了投資價值。由於內在價值本身的不可定量性，巴菲特從不表明自己的計算方式是怎樣的，當然他本人也表示不能絕對保證他的計算方式就是對的，在他的意識裏，「內在價值」也只是一個模糊的值。他曾在其年報中透露：如果有兩個對伯克希爾公司都非常熟悉的投資者，對公司的「內在價值」進行評估的話，那麼差異應該不會到一〇%。可見，雖然不能精確計算一家公司的內在價值，投資者對其也並不是無所適從。此外，他認為內在價值可以從下面幾個比較「定性」的指標來看。沒有公式能計算一個公司的真正價值，唯一的方法就是徹底地瞭解這家公司。而且，應該去偏愛那些產生現金而非消化現金的公司。再來就是目標公司應該是一個能以合理的價格買進、且其未來五至十年甚至二十年的獲利都很穩定的公司。

從以上可以看出，企業的內在價值是不能精確計算的，但是巴菲特對企業內在價值的估計往往又是十分有效的，巴菲特是怎麼做到的呢？我們對內在價值的估計並不能隨心而欲，因為巴菲特認為解決這一問題的關鍵就是徹底地瞭解這家公司。

為解決企業的內在價值不可估量這個問題，巴菲特提出了「安全空間」的概念，它的內涵就是投資的目標不僅僅是價值而且是被低估的價值，市場價格相對於它的內在價值(模糊值)大打折扣的公司才具有投資的吸引力，簡言之，這個折扣就構成了投資的安全空間，安全空間的存在使投資者對內在價值的估值有了一定的浮動空間，從而使投資更為安全。

巴菲特說：「你不可能準確地知道一種簡單的價值，要給自己一個二〇%的誤差範圍，合理的價值就在這個範圍裏。」

巴菲特根據對企業內在價值的估計，得出了預期年複利報酬率，並以此來估算該項投資是否划算。例如，巴菲特預估一個企業十年後的未來價值，然後比較買下此企業所需的價格與達到這個預估價值所需的時間。用最簡單的型式表示為：如果巴菲特以一〇美元買了一股X公司股票，且預期十年後該股價將達到五〇美元，於是他就能計算出十年間該股票的年複利報酬率約為一七．五六％，然後他將這個年複利報酬率與其他投資指標進行比較，從而得出該項投資是否值得的結論。

怎麼尋找價值型企業？不同的人會從不同的角度得出不同的結論，但是有兩點是不變的：一是靜態的投資價值，二是動態的投資價值。靜態的投資價值，指的是上市公司當時的市值與目前淨資產之間的比較。動態的投資價值則相對來說有些複雜，但是這正是股票市場的魅力之所在；因為它是動態的，所以難以把握和跟蹤，但是，只要對此有了一個宏觀的把握，並且有耐心地持有好股，那麼，就有可能獲得一個巨大的投資增長空間。

只有撥開層層迷霧，才能看見真正的藍天白雲。只有當我們清楚我們投資的是價值，搞懂了價值的內涵，才算是一個真正意義上的投資者。

忠告五

價值評估，樹之根本

每個人都認為自己是理性的，會用最少的錢買到最好的東西，但實際上人的理性是有限的。人們在做決策時，並不能去計算一個物品的真正價值，而只是用某種比較容易評價的線索來判斷。

同樣是一〇〇毫升的水，裝在一一〇〇毫升和一二〇〇毫升的杯子裏，那一個杯子裏的水看起來比較多？

在缺乏具體的測量情況下，只憑肉眼，大部分人都認為一一〇〇毫升的杯子裏的水比較多，願意在付出同樣價錢的條件下，選擇一一〇〇毫升的杯子裏的水。

到底要如何選擇，選擇看起來多的，還是選則實際多的？

在股票市場上，選擇股票也是一樣，不是選便宜的股票，而關鍵在於哪支股票的內在價值和升值潛力大。巴菲特有句名言：價格是你付出的，價值是你得到的。

在股票投資上，如果你想天天待在家裏什麼也不做，看著你的股票的價格一天一天地往上漲，那你買的股票的內在價值必須很高，遠遠高於你付出的價格。

那麼，一支股票的內在價值到底要高到什麼程度，才算是很高呢？這就需要我們自己去評估。不懂得價值評估，就不知道你的買入價格是過高還是過低，就不知道你投資這支股票是在安全邊際內還是已經遠離安全邊際了。

巴菲特在五十多年投資生涯裏的重大投資上從沒有發生過虧損，而且每一次投資收益率都很高，可見他的估值相當準確，那麼巴菲特是如何評估一家公司股票的價值呢？他估值的秘訣是什麼呢？

第一節 歷史往往會驚人相似地重複

> 評估一家企業的價值，部分是藝術，部分是科學。
>
> ——巴菲特

歷史，是一個時空概念。雖然相同的歷史條件絕對不會被複製，但類似的社會現象卻會被不斷重複，這是最簡單的歷史邏輯。

股票投資是一種最普通的社會現象，因此，它會被不斷重複。

當巴菲特考慮準備進行一項新的投資時，往往首先以「歷史會被不斷重複」的理念，先與已經擁有的投資進行比較，看新的投資是否會表現得更好。

伯克希爾公司已經擁有一個完備的評估體系來衡量新投資案，因為它過去已經積累了許多成功的投資案可供參考。對於普通的中小散戶投資者，最好的評估指標就是自己已經擁有的投資案。如果新投資案的未來潛在表現，還不如你已經擁有的那一個好，就表明它還沒有達到你的投資門檻。以此方法可以有九九%的把握，檢驗出你目前所看到的投資案的價值。

這種「歷史會被不斷重複」的理念，為價值投資者檢驗投資組合提供了一個指標。作為普通的中小散戶投資者，在對未來的盈餘狀況進行評估時，就應當首先研究過去。

大量投資的經驗說明了，一個公司增長的歷史記錄，是其未來走向的最可靠的指標。這種思路可以幫助你瞭解你所研究的對象，它是一個穩定增長的公司，還是一個高負債的週期性增長的公司。但是，在現實中，能在相當長時期內保持穩定增長的公司仍不多見，需要我們擦亮眼睛，一個一個地把它們挑出來。

如果你把這些公司多年來的利潤增長繪製為一張圖示，你就會發現一個幾乎連續的趨勢——無論在經濟景氣或經濟衰退時期，利潤都按著一個穩定的比率增長。能在相當長時期內保持這樣的穩定增長水準的公司，就極有可能在將來做得同樣好。對自己投資的公司過於自信，對公司增長水準的推斷往往會超過公司的實際增長水準，並假定這家公司能夠突然地與過去一刀兩斷，這是中小散戶投資者經常犯的錯誤。

實際上，你應當預期到一個相反的結果：隨著市場的不斷成熟，擴大銷售會變得越來越困難，公司的總體盈餘水準最終要降下來是遲早的事情。

透過運用「歷史會被不斷重複」的理念，計算過去的平均利潤，你可以獲得一個更加合理的定價，並且可以避免把那些無法持續的增長趨勢延伸至將來。運用平均利潤的另一個好處就是，你不必去預測經濟在未來的運行狀況，你只需估算公司的總體盈餘水準。

第二節 最簡單的資產估值方法——奪命第一招

> 內在價值是一個非常重要的概念，它為評估投資和企業的相對吸引力提供了唯一的邏輯手段。
>
> ——巴菲特

根據資產來評估內在價值，是巴菲特從他的導師格雷厄姆學到的第一種估值方法，也是格雷厄姆賴以成名，並被尊稱為當時的「華爾街教父」的價值評估方法。

資產估值法，是最簡單的一種估值方法。首先，我們透過公司的資產負債表看公司淨資產的帳面價值是多少。

聽起來有點專業，其實很簡單。比如，你和你妻子一起買了一套價值五十萬元的小套房。小倆口剛從學校畢業出來，上班沒多久，現有積蓄還遠不到五十萬元，因此，你們向銀行貸款了三十萬元。

也就是說，你們擁有的這間房子資產總額是五十萬元，你們倆的負債總額是三十萬元。五十萬元的資產扣掉三十萬元的負債，剩下這二十萬元就是屬於你們倆的淨資產。對於你們倆來說，這個房子屬於你們倆的資產價值只有二十萬元。

那麼是不是這個五十萬就代表了你們擁有這個房子得真實價值呢？不一定。這只是帳面價值。帳面上記錄的只是你們購買這套房子的歷史價值，因此帳面價值往往不等於實際價值。假設房子買了半年之後，房地產市場非常好，房子不斷升值，從原來的五十萬元，升值到一百萬元，那麼現在你們擁有的這套房子實際價值是多少呢？一百萬元的市場價值，扣掉負債三十萬元，實際價值為七十萬元。房子只增值了一倍，但是屬於你們的淨資產實際價值，從原來的二十萬元增值到七十萬元，增值了三．五倍。因此，根據資產價值判斷一支股票的內在價值時，除了看財務報表上的每股淨資產的帳面價值，更需要根據這家公司資產實際的市場價值，來判斷這家公司股票真實的資產價值是多少。格雷厄姆正是依靠這個重估上市公司資產的實際市場價值的方法，在股市上一戰成名，奠定了他「華爾街教父」的地位。

一九二六年，格雷厄姆注意到，美國北方石油管道公司股價只有六五美元，但是這家公司投資了大量的鐵路債券，這些債券的市場價值除以總股本後每股價值就高達九〇美元，也就是說光這些債券的實際價值，已經遠遠超過了股價。格雷厄姆就大筆買進，一共持有了這家公司的一五%的股份，後來想辦法進入了這家公司董事會，經過一系列的鬥爭，說服這家公司管理層把鐵路債券全部給拋掉，用賣掉債券賺的錢給股東發了每股七〇美元的紅利。同時這家公司股價也持續上漲，格雷厄姆就從這一支股票上每股就賺了一〇〇美元。六五美元的買進成本，一〇〇美元的獲利，投資收益率將近一·五倍。

這正是巴菲特從他老師格雷厄姆那裏學到的估值第一招：選股要選股價遠遠低於每股資產價值的股票。

一九五四年，二十四歲的巴菲特用同樣的方法，發掘了一個資產價值被嚴重低估的股票。這家公司叫新貝特福德公司，股價只有每股四五美元，但是這家公司帳面上有大量的現金資產，除以總股本，每股現金資產就達到一二〇美元，巴菲特大賺了一筆。一九五六年，格雷厄姆年紀大了，決定解散公司。二十七歲的巴菲特回到家鄉，獨立創業，成立了一家投資管理公司。他完全模仿格雷厄姆的投資策略，尋找那些公司資產的實際價值遠遠高於帳面價值的股票，結果投資報酬率也很高，很快賺了不少錢。

從越來越多的實踐中巴菲特總結了很多經驗，就是購買股價遠遠低於帳面價值的爛公司的股票，相當於花了小錢買了張舊船票，上了一條舊船。可是，等到自己上了這條舊船以後才發現這條船底有很多破洞，一直在不停的漏水。

這種簡單的估值方法，到底能不能讓我們的投資萬無一失呢？對散戶們來說，這招是簡單易學的，但是就是由於它的簡單，伴隨的就是每個人都一學就會，用的人多了，就會導致市場上股價低於帳面價值的股票越來越少，低於資產實際價值的股票也越來越少了。同時，巴菲特也發現，估值的關鍵僅僅靠估算公司的資產價值是遠遠不夠的，還需要看這個公司的盈利能力有多大。

巴菲特的經驗告訴我們：以一般的價格買入一家盈利能力非同一般的好公司，要比用非同一般的好價格買下一家盈利能力一般的公司好得多。

這時候，我們需要進一步來考慮公司盈利能力估值法。

第三節 盈利能力估值——奪命第二招

> 以一般的價格買入一家盈利能力非同一般的好公司，要比用非同一般的好價格買下一家盈利能力一般的公司好得多。
>
> ——巴菲特

我們知道，通常在銀行存錢，利率會根據你存放時間的長短，分為長期利率和短期利率。這當中，根據不同分類還會有更詳細的區別。例如固定五年利率可能達到百分之二以上，而固定三年利率可能只有百分之一點幾。

為什麼會有這樣的區別的呢？那是由你存入銀行的資金的盈利能力來衡量的。只不過換取高盈利的代價變成了你資金的流動性而已。

當我們投資股市時，就相當於與跟許多不認識的人一起做生意，一起投資這家上市公司，不論資金大小，我們都是這家公司的股東，股東要賺錢，肯定要看公司的發展和盈利能力的大小。這家公司相當於銀行，作為股東（當然這裏針對長期投資者來說的）能夠享有的只是一年一度的每股收益，這相當於股息，跟銀行的利息原理是一樣的。

這種盈利的能力，在股市中我們成為本益比，也是大家經常運用的一個估值指標，即用每股股價除以每股收益，得到的這個倍數。

本益比是我們看股票最重要的指標之一。它可以衡量我們投資收回成本的時間。例如，你買了一支股票，價格為十元，這支股票的本益比為十，那就相當於一年每股的收益是一元，那麼我們要過十年才能完全收回所有的投資資本，當然這是在這家公司的本益比不變的前提下。

我們明白了本益比的原理，就應該清楚，本益比低的股票能夠賺更多的錢，本益比越低，表明股價越便宜，因此選股一定要選本益比低的股票。這也是巴菲特從他的導師格雷厄姆那裏學到的第二條估值方法。

對散戶們來說，這個也是很簡單的辨別方法。很多學者都做了大量的統計實證研究，表明了購買低本益比的股票，而且是一批一批的組合購買，投資收益率往往就會高於大盤。

一般當股市比較低迷的時候，就是股票本益比比較低的時候。

一九七二年美國大牛市的頂峰的時候，很多權值股平均本益比都超過了八十倍，當時巴菲特堅決不買，因此避開了後來股市大跌一半的風險。等到一九七四年大熊市的谷底，許多股票本益比都是個位數，巴菲特開始大量買入，後來隨著股市反彈，大賺了一筆。

在進行本益比估值的時候，有一點大家必須注意，作為分母的每股收益，不能簡單地用去年的或者前年的歷史每股收益，而應該用未來這家公司能夠保持的穩定的每股收益，這樣計算出來的本益比才是合理的。因此，難點就是要對公司未來的能夠穩定保持的每股收益進行評測。最簡單的方法就是運用趨勢預測法，將公司過去一個完整的經營週期的平均每股收益，來對未來進行預測。

巴菲特用本益比評估法賺了不少錢，但是到了他投資生涯的後期，他逐漸發現，這個方法並不是一個完美無懈的方法。因為巴菲特主要做長期投資，集中投資，他只買幾支股票，所以對估值的要求越來越嚴。而本益比這個方法非常簡單和方便，也非常好用，但是在實際操作中卻容易被誤用。當大量精準的投資，不能保證其百分之百的準確性時，那很容易出現問題。

不管本益比是高是低，只是相對的，而相對的衡量標準，一般是股票市場平均本益比水準，或者是行業平均本益比水準。而個別的公司的盈利能力，往往跟行業平均盈利能力差別非常大，而股票市場平均本益比水準差別更加大。

以諾基亞為例，其一年的利潤，就占了手機行業利潤總和的四分之一以上。那麼，你能用和其他數千家手機企業的本益比平均水準，來評估諾基亞的本益比是否合理嗎？

答案是否定的。可口可樂和百事可樂加在一起就占了飲料行業八〇%的市場佔有率，另外幾千家小公司加在一起只占二〇%的市場佔有率，那麼你能用那些小公司的本益比平均水準，來評估可口可樂跟百事可樂本益比是否合理嗎？顯然也是不能的。因為它們根本不具有可比性。

所以我們很難找到一個和目標公司完全具有可比性的參照公司，是本益比估值法的一大缺陷。世界上不可能有第二個諾基亞。即使在可口可樂和百事可樂之間，也有巨大的不同。可口可樂專職做飲料，而百事旗下的行業卻多樣化，擁有肯德基、必勝客等連鎖餐廳，業務有巨大的差別。

另外，本益比估值的另外一個缺陷，往往也是散戶最難以控制的，即公司的每股盈利往往是虛的。上市公司們帳面上賺的錢，與真正賺到口袋裏的真金白銀的數額，往往差別是巨大的。這個完全是我們不能控制的因素。公司出於各種需要，往往會提高帳面盈利，於是就會出現本益比高的假像。

事情的本質永遠不會因為表像而改變。巴菲特喜歡引用林肯總統經常問的一個腦筋急轉彎問題：如果尾巴也算一條腿的話，那麼一條狗有幾條腿？可能大家都會認為很容易，四加一就是五條腿嘛。但是事實上，不論別人怎麼說尾巴算一條腿，可是尾巴始終是尾巴，說得再多也不會真正變成一條腿。因此，即是全世界的人都願意幫你證明尾巴也算一條腿，狗也不會因此而多一條腿。

鑒於本益比的非準確性，巴菲特後來越來越發現這個估值方法存在多種弊端。因此，在我們對股票的評估中，可以將這個方法作為參考，但是不要過分的依賴它。

第四節　現金流量估值——奪命第三招

> 今天任何股票、債券或公司的價值，取決於在資產的整個剩餘試用壽命期間，預期能夠產生的、以適當的利率貼現的現金流量。
>
> ——巴菲特

股票市場是一個撲朔迷離的市場，成千上萬的力量結合在一起，才產生出了各種股票價格，而這各方面隨時都處於變動之中。怎麼樣才能正確判斷股票價格變化帶來的損失和收益，並且從中選擇最具有投資價值的股票呢？

現金流量估值是股神巴菲特認為唯一正確的估值模型，前面我們談到的估值方法或多或少都存在一些問題，無法準確地幫助我們判斷資產的價值，現金流量估值能夠比較準確地評估具有持續競爭優勢企業的內在價值，是最嚴密、最完善的估值模型。

現金流量，就是進來多少錢，出去多少錢，收支相抵，淨流入口袋裏多少錢。所謂現金流量估值，就是在對構成公司價值的業務，其各個組成部分創造的價值進行評估的基礎上，計算公司權益價值。可以讓投資者明確和全面瞭解公司價值的來源、每項業務的情況及價值創造能力。

這裏，首先得理解現金流量的概念。以我們上班族為例，假設你一個人的工資有三萬元，然後你租房和吃飯花掉一萬元，只剩下二萬元。這二萬元是不是可以隨便花呢？不能。你還得鍛鍊身體，接受職場培訓，孝順父母，等等，只有等這些大項的支出後，保持個人的競爭優勢和良好社會關係後，剩下的錢才可以自由的支配，這些剩下的錢才是你真實的自由現金流量。

在這個時候，同樣的收入，不同的理財方法就會有不同的結果，也就是說，會理財的人，可能會保持更多的自由現金流量。這跟我們在選擇企業投資的時候也是一樣的，如果公司管理較好，就跟會理財的效果是一樣的，對自由現金流量及未來現金流量的影響很大。巴菲特正是因為成功的運用了現金流量估值法，才正確估計出了一支又一支股票的內在價值，從中發掘出了被嚴重低估的超級明星股，成為了世界股神。他認為，公司管理人員的管理水準，很大程度上就影響了這個公司的現金流量，不管是現在的還是將來的。

我們買進一家公司的股票的時候，我們買的不是這個公司本身，而是這個公司的未來。就如我們每個人都在尋找自己的另一半，圖的是什麼呢？圖的就是未來。未來會怎麼樣呢？兩個人要在一起過上幾十年，誰又能說得準呢？那唯一可行的方法就是，好好的選擇一個預期不錯的伴侶，就跟我們投資股票一樣。

巴菲特選股如選擇終身伴侶，在一支股票上下很大賭注，把自己大量資產投進去，而且長期持有多年，萬一出錯了，損失無法彌補。而我們在學習巴菲特的時候，也是在做一個重大的選擇，所以應該多用心、多做事、多著力。即選擇你認為最穩定、最可靠的上市公司，即這個公司是你有能力評估的，又是你很熟悉的，你又很懂它的業務和管理。這類非常穩定的公司的未來現金流量的測算方法，其實很簡單。

我們注意看它的現金流量表，其中有一項是每股經常性現金流量，可以根據過去的長期穩定經營情況，大致推算未來的現金流量，然後再扣掉這個公司的平均每股長期資本支出，得出的就是每股自由現金流量。長期資本支出對於公司來說，是維護自身長期競爭優勢所必須的付出，就跟我們個人一樣，需要不斷的培訓自己和鍛鍊身體。由於公司本身的穩定性，所以可以給它一個比較低的折現率。

我們看巴菲特選擇的公司，都是非常非常穩定的公司。可口可樂擁有二百多年的經營歷史，《華盛頓郵報》是一百三十年，吉列則擁有一百多年的經營歷史，都相當的穩定。我們能夠便捷的運用這個股票的估值方法，最重要的前提就是，這是一家穩定的公司，未來自由現金流量能夠長期保持穩定，接近於過去的長期平均水準。

散戶們最後還要注意的是，我們在運用估值方法的時候，一定要保守和謹慎。因為在成千家上市公司中，真正能有把握預測出未來現金流量的公司，只有極少數。因此一定要確定自己非常有把握，要不然，可能會承受重大的風險。

第五節 學會運用機率論

> 先把可能損失的機率乘以可能損失的量，再把可能獲利的機率乘以可能獲利的量，然後兩者比較。雖然這種方法並不完美，但我們盡力而為。
>
> ——巴菲特

不少人這樣抱怨：「我發現我總是在接近於行市的最高點買入，在接近於行市的最低點賣出，為什麼虧本的總是我？」事實上，正是由於這些當別人買入他亦買入，別人賣出他亦賣出的投機者們的存在，由於他們的跟風行為，才使得股票買賣形成了波峰與谷底的局面，至少在短期內是如此。這種拙劣的跟風行為的後果是可想而知的。

股市到底有沒有規律？能不能掌握其中的奧妙？如果我們說股市是一個無定律的世界，那麼此話就過於簡單了。各種股票價格是由成千上萬的力量結合在一起才產生的，這些力量隨時處於變動狀態，任何一股力量對股票價格都會產生影響，而沒有任何一股力量是可以被準確預測出來的。而我們要做的就是正確評估各種股票價格變化的可能性，判斷股票價格變化帶來的損失與收益，並從中選出最具有投資價值的股票。在股市上說，就是大家都看好的股票未必是好股，盲目的跟從別人註定是失敗的。從這裏我們應當明白，自己應該做什麼，不應該做什麼，以及什麼時候去做，什麼時候不去做。

不管散戶們是否意識到了，幾乎所有的投資決策都是機率的運用。巴菲特的投資決策也應用了機率論，並巧妙地加入了自己的理解，將機率論為我所用。

巴菲特認為：應該「先把可能損失的機率乘以可能損失的量，再把可能獲利的機率乘以可能獲利的量，然後兩者比較。雖然這種方法並不完美，但我們盡力而為。」我們舉個例子，一件不確定的事情被重複N次，事件發生的頻率就會被反映在機率上。例如我們擲硬幣十萬次，預計出現的頭像次數是五萬次。這是機率論上的必修課。我們這裏之所以說預計出現五萬次，而不是絕對等於五萬次，那是因為按無限量大的原理來說，只有當這個行為重複的次數趨於無限大的時候，它的相對頻數和機率才趨於相等。從理論上說，我們投擲硬幣得到頭像的機會是二分之一。

巴菲特就將機率論用在了自己的投資決策上，並且用機率論來解釋自己的決策過程。巴菲特說過：「如果我認為這個事情有九〇%的可能性發生，它的上揚幅度就是三美元，同時它就有一〇%的可能性不發生，它下挫的幅度就是〇・九美元。用預期收益的二・七美元減去預期虧損的〇・九美元就得出一・八美元的數學預期收益。」

然後，巴菲特還認為必須考慮時間的因素，就是時間的跨度，並將這筆投資的收益與其他可行的投資回報相比較。從經濟學上來理解就是要考慮機會成本。例如讓一個工程師去修水管，那麼他耗費在修水管上的時間，如果用來做他的本質工作可能創造出來的最大利潤，就要納入他修水管的機會成本中。巴菲特對時間跨度的理解就是，將這筆投資的收益與其他可行的投資回報相比較。如果你以每股二七美元的價格購買了甲公司的股票，按照巴菲特的計算，潛在收益率為六・六%。但是同時，如果交易有望在六個月內實現，那麼投資的年收益率就是一三・二%。巴菲特將會把這個風險套購收益率同其他風險投資收益率進行比較。

通常來說，風險套利會隱含著潛在損失。巴菲特承認，如果用套利為例，其實我們就算在獲利率非常確定的併購交易案中虧損也無所謂，但是我們不願意隨便進入一些預期損失機率很大的投資機會中去。

為此，我們希望計算出預期的獲利利率，從而能真正成為決定是否投資此標的唯一依據。

從以上我們可以看出，機率估算其實是一種非常主管的行為，巴菲特也並不否認這點。風險套利並無實際獲利頻率而言，因為每一次交易都不同，每一種情況都需要做出獨立的評估，跟我們擲硬幣時的情況並不完全一樣。但是即便如此，理性的機率計算仍能顯示出風險套利交易的獲利期望值高低。

我們可以總結出以下機率論的運用方法，但是我們必須清楚，這是一個動態的過程，不是一個公式、一個表格就能完全涵蓋的。首先是計算機率，然後隨時隨地根據新的資訊調整機率，隨著機率的上升，可以加大投資數量。但是必須謹記，只有當成功的機率完全對自己有利的時候才進行投資。其中的關鍵點就是將歷史資料與最近可得的資料有效的結合。

可能很多散戶會覺得，巴菲特的投資戰略之所以有效是因為他有這個能力，而對那些沒有這種數學能力的散戶們來說，這個戰略是無效的。巴菲特認為這種觀點是片面的，他認為實施這種投資戰略並不需要投資者學習高深的數學，這是簡單的代數問題，學起來並不難，難的是在你的日常生活中幾乎每天都應用它。這是一個基本的事情，所以我們必須掌握這一技巧。

巴菲特的成功與其機率計算的能力有密切的聯繫。散戶們在投資中也應該適當的掌握機率論，如果能夠從該理論的角度來思考問題，就會大大提高自己投資行為的準確性和獲利性，並能夠從自身的經驗獲取教訓，為未來更好的盈利奠定基礎。

巴菲特認為：應該「先把可能損失的機率乘以可能損失的量，再把可能獲利的機率乘以可能獲利的量，然後兩者比較。雖然這種方法並不完美，但我們盡力而為。」

忠告六

趨利而動，避害而行

老子曰：趨利而動，進也；避害而行，退也。趨利避害，人之常也。

這也是巴菲特創造股市神話的進退之道。

老子的「利」與「害」，是一個相對的概念。在股市中，反應「利」「害」關係是股票的價格與價值。

只有當購買價格低於股票的內在價值時，你才有可能獲利，而且你的買價直接決定你投資這支股票收益的高低。在具體操作中，你還必須瞭解股市波動規律，並在股市起伏不定中，憑藉你對股市的敏銳嗅覺，準確把握股市下跌良機，盡顯你「海底撈月」的神功。

在一齣舞臺演出時，有花旦、有小丑。但是不管你是花旦還是小丑，演出時不僅要在進場時要給人眼睛一亮，而且應該準確把握表演的退場時間。如果不按劇情安排而一味拖戲，仍然會使整個演出功虧一簣。

股市是一個大舞臺，你就是這個舞臺上的花旦或小丑。在表演過程中，你不僅要在進場時嚴格遵循價格遠低於價值的購買原則，而且在演出結束時必須把握好退場時機，學會停損，見好就收。

第一節　高勝算的出價

> 買股票賺差價、買非自己核心優勢競爭圈的企業、亂出價，均為低勝算決策。我自己的勝算大約為九九％！
>
> ——巴菲特

巴菲特投資第一原則：永不虧損；第二原則：就是不能忘記第一個原則！如果你要真正做到以上兩個原則，除了企業評價必須正確以外，關鍵在於「耐心等待勝算高的買價」來臨，因為買價越漂亮，則將來投資報酬率就越漂亮！要記住，當你出價的那一刻起，就已經決定了你的該筆投資的勝算以及報酬率多寡了！

假設我與你賭丟銅板：

條件：贏家可以拿走輸家的皮夾（當然包含皮夾內的一切……）

規則：當銅板落地後，正面你輸，反面你不贏，中間你贏。

我想任何一個腦袋清楚的人都不會參與這個賭注，不賭的原因是你不會拿自己辛苦賺來的血汗錢開玩笑，因為你知道你的「勝算」很低！

那麼，什麼是高勝算的買價呢？

假設有人要賣你鈔票一張，你打算出多少錢？

第一，我們會先問鈔票是真的假的？

第二，我們會再問那一張鈔票的價值是多少錢？（得知一〇〇元面額）

第三，我們會做下列計算：

你想賺的比例	一〇%	二〇%	三〇%	四〇%	五〇%	一〇〇%
你的合理出價	九一元	八三元	七七元	七一元	六六元	五〇元

當你決定出價購買某公司十年期經營者盈餘分享權時，你腦中就必須先浮現出上述的計算過程，而不是傻傻的亂出價！要知道巴菲特教導我們堅持高勝算買價的重要性，因為從出價那一刻起就已經決定了這一次投資是賺還是賠，以及賺多少了！真正做到：非必取不出招，非全勢不交兵。價錢不對，就等！巴菲特曾說：他自己現在會犯的錯大都是應為而不為，而不是不應為而為之！

切記，你的第一次買價將決定以後每年的投資報酬率多寡，好的買價等於好的投資報酬率，千萬要堅持買價，亂出價或是為成長付出太高的價錢，都將帶來悲慘的結果！作為普通投資者的散戶，我們更應該時時把這些理念牢記於心，這也是格雷厄姆影響巴菲特的重要理念之一。

第二節　機會總在危險後

只有股市極度低迷，整個經濟界普遍悲觀時，獲取超級投資回報的投資良機才會出現。

——巴菲特

股價跌宕起伏，股市瞬息萬變。儘管在一九二九年後，股市持續低迷四年多，一九七七年後低迷五年多，但大多數市場下跌都是較為短暫，通常只有四～六個月。

雖然一個人要準確預測股市波動難度很大，但幾乎所有對股票市場歷史略有所知的人都清楚，在某些特殊時候，一支股票的價格是否過高仍是能夠很明顯的感覺到的。其訣竅在於：在股市過度狂熱時，只有極少數的股票價格是低於其內在價值的，因此，此時只有極少數的股票才可以購買。而在股市過度低迷時，一般而言，市場上會出現許多其價格大大低於其內在價值的股票，以至於許多投資者因為財力有限而不能充分利用這一良機。因此，整個市場的低迷，會使你購買股票成本大為降低，成為你購買股票的最佳時機。

擁有敏銳的嗅覺，準確把握股市下跌良機，是巴菲特成為一代股神的重要利器。他用自己多個成功案例證明，市場狂跌是以較大安全邊際低價買入股票的最佳時機。

巴菲特曾經說過：「有時候股票市場讓我們能夠以不可思議的低價買到優秀公司的股票，買入價格遠低於買下整家公司取得控制權的協議價格。例如，我們在一九七三年以每股五・六三美元買下《華盛頓郵報》的股票，該公司在一九八七年的每股盈利是一〇・三美元，同樣的，我們分別在一九七六年、一九七九年和一九八〇年以每股六・六七美元的平均價格買入GEICO股票，到了一九八六年其每股稅後營業利潤為九・〇一美元。在與上述案例類似的情況下，『市場先生』實在是一位非常大方的好朋友。」

巴菲特在一九九六年伯克希爾公司股東手冊中指出：「我們面臨的挑戰是要像我們現金增長的速度一樣，不斷想出更多的投資主意。因此，股市下跌可能給我們帶來許多明顯的好處。首先，它有助於降低我們整體收購企業的價格；其次，低迷的股市使我們下屬的公司更容易地以有吸引力的低價格來買入卓越公司的股票，包括在我們已經擁有的比例基礎上繼續增持。總體而言，伯克希爾公司和它的長期股東們，會從不斷下跌的股票市場價格中，獲取更多的利益，就跟食品價格下跌，年邁的老翁卻能從中得到更多的實惠的道理是一樣的。所以，當市場狂跌時，我們應該有這種老翁的心態，既不恐慌，也不沮喪。對伯克希爾公司來說，市場下跌反而是重大利多消息。」

「我們歡迎市場下跌，因為它使我們能以新的、令人感到恐慌的便宜價格揀到更多的股票。」巴菲特曾毫不掩飾的說。

回顧一九七三～一九七四年美國股市大蕭條時期，伯克希爾公司所有的投資業務，人們會發現，巴菲特在瘋狂地買入股票。他抓住了市場過度低迷而形成的以很大的安全邊際買入股票的良機，獲得了巨大的利潤。

他所持有證券之一的聯合出版公司，在一九七三年內盈利率增長了四〇％，但是該企業一度曾以一股一〇美元價格，在一個月內持續下跌到一股七．五美元，已經低於五倍本益比了。在人們開始懷疑市場或企業是否有任何失誤之處時，巴菲特卻堅信自己比別人更瞭解該企業的內在價值。一九七四年一月八日、十一日、十六日，二月十三日、十五日、十九日、二十日、二十一日、二十二日連續多次進入市場買進聯合出版公司股票。一年中有一〇七天他都在不斷地買進。

當股市處於調整期進入下跌時，買跌是我們廣大散戶朋友最常用的策略。當然，股市可能會繼續調整，進入熊市，但這種情況發生機率不大。大多數調整會經過一段時間下跌後，逐步恢復到原來的上升通道。這種市場的不斷調整為投機者和投資者都帶來了機會，但這種機會稍縱即逝，必須果斷出擊。

前面花了很大篇幅來講股市波動會給我們帶來了獲利機會。對於我們廣大散戶而言，如果對股市波動規律一無所知，要想抓住這種稍縱即逝的機會，就不是件容易的事情了。這需要我們對市場的波峰和谷底有個大致準確的判斷，否則，否則一切都毫無意義。

判斷市場的波峰和谷底的方法多種多樣，無論哪種方法都不可能絕對準確的預測股市，所以，投資者的經驗更為重要，關注股市歷次底部的一些特徵，對散戶朋友來說是十分必要的。

下面是股市歷次底部的一些重要特徵，投資者可以根據歷史經驗來判斷市場：

- 市場上的絕大部分投資人對市場失去信心，處於恐懼之中。
- 大盤指數大幅度下跌，頻頻突破投資者的心理極限。
- 市場中的投資者幾乎都處於高度虧損的狀態，
- 每天行情中漲幅達五％以上的股票極少，而跌停的股票很多。
- 大盤指數下跌持續相當長的時間，陰霾一直籠罩股市。
- 投資者對利多消息已經完全麻木。
- 市場中的投機力量均遭嚴重打擊，紛紛退市觀望。
- 股市一蹶不振，只跌不漲，沒有反彈的信號。
- 極少有新股上市，投資者對新股也沒有興趣。

- 政府部門開始干預股市，頻繁發佈鼓舞人心的消息。
- 眾多學者專家開始對股市問題進行揭露，媒體對股市內幕進行曝光，政府部門開始打擊市場的非法操作。
- 市場具備了極具投資價值和上升空間的股票及契機，使市場有了重新活躍的前提條件。
- 股市嚴重與宏觀經濟脫離。
- 股市內幕不斷顯現，股民極度憤怒，市場出現了不穩定因素。

這些特徵在歷次股市低部均有所顯示，因此，投資者可以史為鑒，儘早預測股市谷底的形成。根據上述特徵以及股市經驗，投資者可以從下面一些角度來判斷市場的波峰和谷底，為自己的投資做出決策。

從股市環境的總體來看，下面兩個特徵是谷底形成的重要信號，此時投資者可以考慮對目標企業股票的收購。

投資者對利多消息已經麻木

在下跌的股市裏，投資者總是期待利多消息的發佈，可以用「望穿秋水」來形容，然而不幸的是，一次次的等待之後，利多消息換來的卻又是一次次的下跌，久而久之，投資者便近乎絕望了，對利多消息已經完全麻木了，再沒有以前的興奮和機動。對利多的麻木，說明投資者已經絕望，沒有什麼能再讓他們對市場擁有希望了。投資者對利多的表現變為無動於衷——你出你的利多，我走我的下跌，此時市場不是谷底是什麼？

投資者對股市下跌已無感覺

巴菲特非常喜歡股市的下跌，在跌勢中正是他一展身手的絕佳機會，眾多投資者也是希望從股價的變動中賺取價差，所以對於價格的變動十分敏感。如果是持有股票的投資者，股價下跌了，當然會非常慌張，不知道該繼續持有還是應該賣出，或者應該在什麼位置賣出比較合適，而持有現金的投資者見到股價下跌，則是在思考應該在下跌到什麼價位的時候買入做多賺錢。正因為如此，股價在下跌的過程中才會有緩跌、急跌或者是反彈。如果大盤指數持續地下跌，無論是利多推出或利空登場，股市都視而不見，既不會因利空而加速下跌，也沒有因為利多而大幅度反彈，依舊照跌不誤。因為絕大多數的投資者對市場已經徹底絕望而退出觀望，這時候下跌與否，或者跌多跌少已經再不值得關心。

而從股市的微觀運行方面，投資者對谷底形成的特徵仁者見仁，智者見智，投資者可從以下多個方面進行綜合考慮。

■ 長期下跌後橫盤，並稍微有反彈，給投資者帶來些許希望，卻又突然破底，投資者開始恐慌。

■新股開始持續跌破發行價格，新股上市首日收盤漲幅極低，有的在不久後就跌破發行價格，或開始有股價跌破淨資產值的個股出現。

■管理層的態度開始緩和，政策面出現轉機。

■前期看多的機構開始悲觀和開始實際作空。多頭由前期看多開始悲觀看空，一直看多的分析師或在媒體上主流的諮詢機構開始悲觀看空，對前景開始謹慎對待。

■在大盤不斷緩慢上升過程中，如果出現連續多天的連續中紅棒加速上漲，則往往預示著大盤頂部可能即將來臨。而在大盤持續緩慢下跌的過程中，如果出現連續多天的連續中黑棒加速下跌，則往往預示著大盤底部可能即將來臨。

■大盤在不斷下跌過程中，突發性的利空往往促使大盤一次就砸出真正的底部。

■投資人大多數呈現大幅虧損的狀態，而股市又突然大跌，股民開始加大虧損額；大部分投資人已經持續虧損了很長時間，多數投資者已經對股市失去了信心。

■大盤在不斷下跌過程中，妄想阻止大盤下跌的「突發性利多」，往往只能達到一時延緩大盤下跌的作用，即在稍作反彈之後，大盤往往還要繼續下跌甚至是繼續創新低。

■大跌後又大跌，關鍵阻力位及重要心理位破了一個又一個，跌跌不休。前期放量的各股又跌破前期平臺，輿論一邊倒看空，對宏觀面和政策利多變得麻木不仁，熊市思維極其嚴重。

■大盤下跌末期，類股聯動當沖放量及輪換現象加劇，但大盤指數波動區間並不大。

■市場一片哀歌，跌勢加劇，全部人已經失望並喪失方向感。眾望所歸，大盤需要一個反轉的契機。往往此時政策面會不經意地出現一些新的舉措或各類創新題材。

■基金折價現象普遍，尤其是市場主流基金，基金的操作理念受到普遍質疑，主流基金似乎也失去方向感。

■市場不利傳言增多，大盤由緩跌變急跌，或者有成批的個股或類股集體大幅下挫或集體跌停。

■新基金發行受挫，發售開始不順利、困難，新基金發行宣傳由媒體走向細分市場。

總之，準確的判斷股市谷底是投資者獲利的前提，可以以低廉的價格購買內在價值較高的股票，從而在別人對股市下跌恐懼時，自己卻感到異常興奮，這也是巴菲特的慣用手法。

第三節　選擇暫時陷入危機的低估股

我們面臨的調整，是要像我們現金增長的速度一樣，不斷想出更多的投資主意。因此，股市下跌可能給我們帶來許多明顯的好處。

——巴菲特

前面，我們關注的主要是散戶如何在股市波動中抓住機會，獲取收益。其實，在現實中，不僅股市存在起伏，構成股市的基本元素——企業有時也會出現跌宕，關鍵是看你能否在企業短暫的跌宕起伏中，及時抓住機會，最終以較低的價格購買暫時陷入危機的低估股。

要抓住暫時陷入危機的低估股，意味著好公司出問題時是購買的好時機，或者說購買股票的好時機，往往出現在具有持續競爭優勢的企業，出現暫時性的重大問題時，這時購買便具有足夠的安全邊際。儘管這些問題非常嚴重，但只是暫時的，對公司長期的競爭優勢和盈利能力沒有根本性的影響。如果市場在企業出現問題後，發生恐慌，大量拋售股票導致股價大幅下跌，使公司股票被嚴重低估，這時將為價值投資人帶來足夠的安全邊際和巨大的獲利空間。隨著企業解決問題後恢復正常經營，市場重新認識到其長期獲利能力絲毫未損，估計將大幅回升。企業穩定的持續競爭優勢和長期盈利能力，是保障投資本金的安全性和盈利性的根本原因所在。

巴菲特能夠慎思明辨，分清何者為真，何者只是表面上看起來為真，他將這個特殊的分辨力運用到股市，專門購買不受歡迎的好公司的股票。也就是說，他喜歡在一個好公司因受到質疑或誤解干擾，而使股價暫時受挫時進場投資，不時會買下一家前景似乎暗淡無光的公司，讓人大跌眼鏡的同時又讓人油然而生對他的敬仰之情。

一九六〇年末，他在美國運通銀行發生沙拉油醜聞事件後，出資吃下該銀行的股份；二十世紀七〇年代，他買下了GEICO公司；二十世紀九〇年代初期，買下了威爾斯法哥銀行。

巴菲特始終牢記恩師格雷厄姆所說的：市場上充斥著大量搶短線進出的投機者，眼前利益是他們關注的焦點。也就是說，如果某公司正處於經營的困境，那麼這家公司在市場上的股價就會下跌。這是投資人進場做長線投資的絕佳機會，也正是巴菲特喜歡在一家好公司因受到質疑或誤解干擾，而使股價暫時受挫時進場投資的理論基礎。

巴菲特在一九九六年伯克希爾公司股東手冊中指出，市場下跌使買入股票的價格降低，所以是利多消息。

首先，它有助於降低我們整體收購企業的價格；其次，低迷的股市使我們下屬的保險公司更容易以有吸引力的低價格買入優秀公司的股票，包括在我們已經擁有的比例基礎上繼續增持；最後，我們已經買入其股票的那些優秀公司，如可口可樂、富國銀行，會不斷回購公司滋生的股票，這意味著，他們公司和我們這些股東，會因為他們以更便宜的價格回購而受益。

「伯克希爾公司和它的長期股東們從不斷下跌的股票市場價格中獲得更大的利益。對伯克希爾公司來說，市場下跌反而是重大利多消息。大多數人都是對別人感興趣的股票才感興趣。但你應該對股票感興趣的時候，卻是沒有人對股票感興趣的時候。越熱門的股票越難賺到錢。只有股市極度低迷，整個經濟界普遍悲觀時，超級投資回報的投資良機才會出現。」

總而言之，對於散戶而言，如果已經證實某家公司具有營運良好或者消費獨佔的特性，甚至是兩者都具備，就可以預期該公司一定可以在經濟不景氣的狀況下生存下去，一旦度過這個時期，將來的營運表現一定比過去更好。經濟不景氣對那些經營脆弱的公司是最嚴峻的考驗，但經營良好的公司，在這場淘汰賽中，一旦情勢有所改觀，將會展現傳強者恒強的態勢，並不斷擴大原有的市場佔有率。

對散戶來講，最佳的投資機會莫過於一家優秀的公司遇到暫時的困難時，當他們需要進行手術治療時，準確把握機會買入進場。這是我們必須掌握的進場原則。

第四節　集中控制風險

> 把雞蛋放在一個籃子裏，就需要特別小心的看護！
>
> ——巴菲特

集中投資，並不意味著沒有風險，越是將雞蛋放在一個籃子裏，就越需要集中力量保護好雞蛋，控制好投資風險。如果你的投資相對集中的話，那麼你將有充裕的時間來管理你的股票，那麼，你對股票的管理將變得更加簡單。巴菲特的投資總是把大部分的精力放在前期股票的選擇上，而以後的事情則大多是極具耐心地等待。可以說前期的工作要占去八〇%的精力，而後期只需要二〇%的精力來關注你的股票，但是股票的漲跌是必然的，我們也必須提高對股票下跌的預警度，不要在股票下跌時驚惶失措，如果亂了陣腳，煮熟的鴨子就有可能飛了，當然長期的下跌應引起你足夠的重視。集中力量控制風險，也是我們必須時刻謹記的。

當散戶們遇到以下一些情況，進行及時的干預是必須的。

政治事件。政治事件對股市的影響有時是災難性的，如美國進攻伊拉克，我想沒有誰會對這樣的事件無動於衷。

經濟事件。經濟事件對股市的影響是具有連鎖效應的，有時並非有規律可循。如美國的次貸危機和美元持續貶值，對世界經濟的影響是巨大和難以估量的。

公司高層調整。公司的變動是平時我們最應該關注的，企業的運作直接影響其股價，而企業的運作主要是企業高層的活動，因此，高層的變動有可能會影響企業的未來發展，我們對此要給予足夠的重視。

公司變動。要注意公司重大的調整以及管理的變化。包括公司對其產品的戰略調整，對外投資的行動，及其對財務的管理和現金流量的變化，這些都會長期影響公司的運行。

行業變遷。長線投資就需要該行業的穩定發展，如果行業存在變遷的勢頭，你就需要對投資進行必要的調整，例如，是否應該關注新興的行業？自己投資的行業是否會逐漸老去？夕陽產業和新興產業同樣危險，因此要關注行業的變遷。當然，投資本來就是一個長期的過程。

股海潮起潮落漲跌無常，散戶們遇到風險是常有的事。如果不幸一時被套牢，也不要過分慌張。因為套牢本身並不可怕，可怕的就是在危機面前慌了手腳，不知下一步該如何操作，越忙越亂。因此，要化解危機，首先要保持理性。在瞭解大勢的基礎上，根據被套程度的輕重深淺緩急，以及持有的股票結構，集中力量對症下藥。一般處理危機有以下幾種方法。

一是在宏觀形勢整體良好、所持股票基本面沒有出現大問題的情況下，不要輕舉妄動，持股觀望。股價不停的波動是股市的常理，我們不需要為此而驚惶失措。當然，股價的跌幅有大小劇烈與否之差異，一般來說，市場中投機的個股波動劇烈，在漲勢中漲幅大，在跌勢中其跌幅也較深。而那些績優股、高速成長股及公司基本面前景較好的個股，及主力控盤股的跌幅則較為緩和，如果投資者手上持有的後一類股票不幸被套，只要整個市場環境沒有惡化的大趨勢，則完全不必驚慌，只需持股觀望，以不變應萬變，等待股價走返回升解套之日。

二是在宏觀形勢整體不佳，所持股票基本面出現問題的情況下，就要當機立斷，割肉斬倉。如果散戶們持有質地不佳的股票被套牢，且公司的經營狀況又不盡人意，此時就應該當機立斷，割肉斬倉，以求將損失降低到最小程度。股票價格是公司內在價值在市場上的反映，如果公司的基本面狀況出現惡化，就會導致大家對其股票的預期看跌，其股份下跌可以說已是定局，只是時間的問題，因此如果手中持有的這類股票被套，那就應該當機立斷，長痛不如短痛，早點退出離場，以避免更大的損失。

三是股價出現下跌，但是對整體走勢看好的情況下，可以順水推舟，攤低成本。股價有下跌也必有上揚，而不會只跌不漲，或者只漲不跌，因此，如果手中的股票開始下跌，則必有回漲的時候，根據這一規律，我們可以採取向下加碼跟進以分攤成本的操作方法。即隨著股價的下跌，不但不拋，而逐漸加碼買進，這樣就逐漸攤平了最初的買入成本，股市稍有上揚即可解套換回本金。例如：以每股一五元價格買進某股票一〇〇〇股，跌至一四元時，加碼買進一〇〇〇股，跌至一三元時，又加碼買進二〇〇〇股，繼續下跌至一二元時，再加碼買進三〇〇〇股，以此類推。直到該股止跌回升，只需小幅度上漲即可解套。但是在加碼買進的時候必須注意兩點：一是要有合理的資金運用計畫，切忌貪心和不理智，這樣一旦股價下跌就沒有跟進的資金了；二是要把大勢把握好，如果股票基本面發生變化了，那繼續的投入只會讓你損失更多。

四是對大勢把握不穩的情況下，可以有賣有買，左右平衡。如果投資者手上同時持有幾種股票，且幾種股票的漲跌不同時，就可以採取左右平衡的方法進行解套，將已經解套的個股分批賣出，賣出的同時，另外加碼買進強勢股，這樣則可以從買進強勢股中獲利以彌補損失。

第五節 見好就收

> 當別人擔心時你要貪心，而當其他人貪心時你則應當擔心。
>
> ——巴菲特

股市是一個大舞臺，你就是這個舞臺上的花旦或小丑。在這一齣表演中，你不僅要在進場時嚴格遵循價格遠低於價值的購買原則，而且在演出結束時必須同樣透過價格與價值比較，來把握退場時機，學會停損，見好就收。

巴菲特認為，當某支股票的價格已經達到它的內在價值時就是賣出的好時機。因為，一旦股票價格超過其內在價值，就幾乎不具有潛在利益，投資人最好再尋找其他價格被低估的股票。

也就是說，如果你以每股一〇美元買進一支他認為內在價值約為二五~三〇美元的股票，當股票價格達到每股二五美元時，你就應該考慮是否賣掉這支股票，然後再繼續尋找並投資其他價格被低估的股票。

巴菲特發現，如果以低於該股票內在價值的價格買進一支股票，持股時間愈長，那麼預期的年複利回報率愈低。因為如果某人以每股二〇美元買進某支內在價值為三〇美元的股票，在第一年時，該股價格才上漲至其內在價值，那麼年複利回報率就掉到二二%，如果花了三年時間，年複利改變了為一四・四%，四年為一〇・六%，五年為八・四%，六年為六・九%，七年為五・九%，到了第八年為五・一%。

事實上，我們一般的中小散戶也可以透過停利賣出的方法，即當股票的價格達到一定程度時獲利賣出。

停利就是保護獲利的意思。其主要是針對買股票後，股票價格走高時，自己有一定的浮動獲利，如賣出股票又擔心該股票價格會繼續上升，怕少賺了，不賣出又擔心股票幾個快速回落，使自己的獲利化為烏有，這時就需要停利單來幫忙了。停利強調既有的獲利不會再失去，甚至可以使自己的獲利盡可能的最大化，避免出現「撿了芝麻，丟了西瓜」的現象發生。

我們身邊的許多散戶朋友都有這樣的經歷：當自己在一〇元左右買入某支股票，價格升到一二元，差不多自己已獲利二〇%時，立即就賣出，但誰知該股票卻直線上揚，升到一八元，自己後悔不迭。埋怨自己雖騎上黑馬，卻被顛下了馬背。還有一種情況，就是在一〇元買了，當價格升到一五元時，不想賣出，誰知該股票卻跌回一三元，想賺五〇％沒有走，現在價格賺三〇％也不想走了，誰知卻跌倒一一元，再不走就有虧損的可能，只好勉強了結，自己幾乎白忙一場。

可以看出，投資者沒有準確把握好獲利的賣出時機，是出現上述現象的重要原因。許多散戶朋友埋怨自己賺了錢不走，反而輸錢深套後斬倉割肉，就是因為沒有「停利點」的概念。

巴菲特告訴我們，買進股票後若賺錢，說明投資者看準了行情的趨勢和方向，此時應該立即設置「停利點」，即股票後市一旦跌破該點，就應當機立斷賣出獲利落袋。如始終未能跌破該點，則可以繼續保留。隨著股票價格的不斷攀升，「停利點」也應隨之調高。當然，「停利點」的設置，需要有一定的經驗，設置的太寬或太嚴都將影響效果，但不管怎麼說，投資者不設「停利點」，是不成熟的表現。

作為投資者，可以透過以下「四項基本原則」，來最大限度地把握獲利的賣出時機：

先思再行原則

許多投資者，尤其是小散戶，都存在虧損時賣掉股票認賠的觀念，即停損觀念，卻從來沒有停利觀念。有時投資者獲利後看到股票略有下挫就及時出場，全然不顧該股上升勢頭良好，後市仍可看高的情況，錯失後面一大截的利潤。或者只知道先落袋為安，不清楚有停利這回事。因為有了停利觀念，才有可能會有停利的計畫，也才可能讓獲利充分增長，這就是所謂的「先思再行原則」。可能你會說我怎麼知道停利點在哪裡？

通常，停利點在現有獲利額的八%以內。也就是說，當你買入股票後，該股票價格不斷走高，你的獲利額達到三〇%後，則該股開始回落；回落了約八%，就立即賣出，以防止該股繼續下跌，吞了自己已有的獲利。

一般來說，一支個股能從高位回落八%以上，就有可能繼續回落二〇%甚至三〇%以上，如果回落幅度在八%以內，說明該股僅僅是暫時調整之後重拾升勢，不必急於出局，以爭取更大的獲利。

緊盯大盤走勢原則

普遍認為，個股震盪空間與股市大盤走勢有密切關係。一般而言，在大牛市時，個股震盪空間較大，因此，停利幅度也可適當放大。牛市中應儘量以持股為主，偶爾出現回測，最終還是會逐漸走高，停利幅度適當放大，就不會被震盪出局，而錯失後市回穩的機會。而在大熊市時，停利幅度應適當收窄。因為在熊市時個股均難逃下跌的噩運，即使有主力進駐的個股，也往往會有走跌可能，或者是價格也不會升幅太大，因此，一旦上升乏力，自己就即時出場為上策，避免出現停利單執行不了的情況發生。

「阿Q」精神原則

有時你所購買的股票在走跌或回落，其價格正好觸擊自己的停利價格，然後又步入上升軌道，如不設停利單，則就會賺得更多，但這時不應有後悔心理，或認為停利單沒必要的想法，而應想想自己設置的停利幅度是否合理，是否需要改進。另一方面，自己停利出局，畢竟還是賺了錢，不要因為自己少賺而自責，要有點「阿Q」精神，同時，也可及時想出辦法。

及時調整原則

對於一般個股，一些外來突發因素或主力洗籌碼，均會使該股票價格出現變化，在此時要適當地調整停利幅度，獲利越大則停利幅度可適當放寬，如八％調整為一〇％、一二％，獲利幅度不大時，則停利幅度也相應縮小，如六％，但是要盡可能保護住已有的勝利果實。可能你會說，我如有八％的獲利，肯定早已賣出了，其實這種做法有一定的危害性，因為儘管股市上有極多個股，但真正在一段時間，個股有較大升幅的不多，能買到應說運氣非常好，賺了一點就出場，一是交易成本大，二是出場後，總希望該股回落到自己賣出股票時的價格之下，但往往是該股不會再回落，只好在更高價格追入，從而導致獲利減少。

總而言之，各位散戶朋友要在投資過程中學習巴菲特，就要懂得如何最大限度地把握獲利的賣出時機，使自己獲利實現最大化。同時，牢記巴菲特的至理名言：「當別人擔心時你要貪心，而當其他人貪心時你則應當擔心。」

第六節 學會停損

學習並使用停損法則的最高目標是——不再停損！

——巴菲特

巴菲特的選股十分謹慎，總是千挑萬選，還要等待買入的時機，所以一旦購入了目標企業就會長期的持有，而不會輕易的拋棄手中的股票，但並不是對所有的企業都這樣，也並非在所有的情況下都這樣，只有利益才是永恆不變的。

當事情發生了十分嚴重的變化時，堅持持有變質的股票就是十分愚蠢的了，此時，得放手，且放手，豈有明月永當頭？在實際投資中，巴菲特也會在所投資公司失去成長性、基本面惡化時停損。必須明確的是，投資的停損不同於投機的停損，投機的停損只相對於價格的變化，而投資的停損相對於基本面的變化。

你也許會說：「我不能賣掉我的股票，因為我不想因此遭受損失。」這裏你假設的是自己的想法總會對市場形勢產生一定的影響。但股票並不認識你，它不會關心你的想法和期望。而且，賣出本身不會讓你遭受損失，因為股價下跌的時候損失就已經發生了。如果，你認為一直要到價格上漲到你的成本價的時候才賣掉股票，那就好像在和你自己開玩笑一樣。

比如說，你以每股二〇美元購買了某企業的一〇〇股股票，現在股價跌為一二美元，對於持成本為二〇〇〇美元的股票來說，現在只值一二〇〇美元。不管你賣掉股票而改持現金，還是繼續持有股票，它都只值一二〇〇美元。

即使不賣，股價下跌時你還是會受損。你最好還是賣掉它們，回到持有現金的情況，這樣可以讓你從更客觀的角度上思考問題。如果繼續持有從而遭受更大損失的話，你將無法清醒地思考問題，總是自欺欺人地對自己說：「不會再下跌了。」可是，你要知道還有其他許多股票可以選擇，透過它們，彌補損失的機會可能更大一些。

對於散戶投資者，一定要明確堅持這樣一個原則：每支股票的最大損失要限制在其初始投資額的七%~八%。由於投資額較大和透過投資種類多樣化降低總體風險，大多數法人投資者在迅速執行停損方面缺乏靈活性。對法人來說，很難快速買入賣出股票，但快速買賣股票，對他們執行該停損準則來說又是非常必要的。所以，對於作為散戶投資者的你來說，這是一個相對於法人投資者的極大優勢。一定要利用好這一優勢。

記住，七％或八％是絕對的停損限額。你必須毫不猶豫地賣出那些股票——不必要再等幾天，去觀望之後會發生什麼或是期盼股價回升；沒有必要等到當日收盤之時再賣出股票。此時除了你的股票下跌七％或八％這一因素，就不會有什麼東西去對整個行情產生影響了。

作為投資者，每一次買進前就必須確定三個價位，即：買入價、停利價和停損價。如果這個工作沒有做好，就嚴禁任何操作，學習停損並善於停損才是在股市中生存發展的基本前提。

下面，主要針對散戶投資者，介紹幾種停損的具體方法，以供參考。

空間位移停損法

一、初始停損法：在買進股票前預先設定的停損位置，比如說在買入價下方的三％或五％處（短線，中線最多不應超過一〇％），一旦股價有效跌破該停損位置，則立即出局。這裏所說的「有效跌破」，一般是指收盤價格。

二、保本停損法：一旦買入後股價迅速上升，則應立即調整初始停損價格，將停損價格上移至保本價格（買入價＋雙向交易費用）。

三、動態停損法：一旦股價脫離保本停損價格持續向上，則應該不斷向上推移停損價格的位置，同時觀察盤面的量價關係。如果量價關係正常，則向下一定比例設好停損，然後繼續持有，若量價關係背離，則應該立即出局。

四、趨勢停損法：以某一實戰中行之有效的趨勢線或移動平均線為參考座標，觀察股價運行，一旦股價有效跌穿該趨勢線或平均線，應則立即離場。

時間週期停損法

在買入股票前，要對買入股票設定持有時間，如一天、三天、一星期、兩星期等等，如果買入後持有時間已經到設定期限，但股價沒有發生預期走勢，同時也沒有到達設定的停損位，這時，千萬不要轉換持股的「時間週期」，立即離場，以免將「短線投機」變成「長線投資」，並最終成為長期套牢。

情緒波動停損法

如果買入股票後，感覺不好，寢食難安，這說明自己認為買入理由不充分或信心不足，這將影響今後的正常操作，故應果斷退場。

突發事件停損法

如果所買入股票發生重大事件，以至買入理由消失，則應停損離場，以免遭受更大損失。

以上是幾種簡單的止損方法。當然，對於投資者而言，停損絕不是最終目的，但停損理念的徹悟和停損原則的恪守，卻是投資者通向成功之路的基本保障。

在實戰中，這一理念的不斷貫徹將使投資者的出手成功率不斷提高，出手點愈加精確，雖然不一定能做到「百戰百勝」，但卻一定會做到「百戰不殆」，停損規則設定的終極目標必將顯現出來！

Gold Edition Warren Buffett 9

忠告七

集中優勢兵力方為上策

是應該把雞蛋放在一個籃子裏好，還是把雞蛋放在不同的籃子裏好？這樣的分歧造成的投資策略，在投資界被稱為多元化投資與集中投資。多元化投資者主張為了安全起見，應當把雞蛋分置於不同的籃子裏，這樣即使一個籃子裏的雞蛋被打碎了，也不至於帶來太大的損失。而集中投資者則主張將所有的雞蛋放在一個籃子裏，然後好好地盯著你的籃子，全力以赴地照顧好自己裝滿了蛋的籃子才能不讓雞蛋打碎。

與這兩種投資策略相適應的，是兩種截然不同的工作方式。就像我們常常在電影裏看到的那樣，那些股票經紀人隨時處在高度緊張的狀態裏，他們管理著由上百支股票組成的投資組合，每一支股票的波動都牽扯著他們的神經。他們瘋狂地記錄，同時對著數部電話大喊大叫，眼睛隨時盯著電腦螢幕上不斷變化的數字，稍有風吹草動，便迫不急待地敲擊鍵盤……而他們的偶像——巴菲特的生活與工作則顯得悠閒得多，他絕不是工作狂，相反地，他有大把的時間可自由支配。他從不關注股價的短期變化，所以他可以從容地為自己做早餐，躺在地板上與自己的哲學家朋友電話閒聊。此外，他總是一副氣定神閑的模樣，講話輕聲細語。與其說他是一種投資家，倒不如說他更像是一位思想者與哲人。巴菲特這種頗具傳奇色彩的成功與經歷，不僅源於其天生的自信，更多的是源於他那非同尋常的集中投資模式。

巴菲特一直以來就將自己的投資方略歸納為集中投資，實行「少而精」的投資策略，就是要把資金集中在少數幾家熟悉的、可以理解的、「能力圈」以內的傑出企業股票上。巴菲特認為，多樣化是無知的保護傘。「如果你對投資略知一二並能瞭解企業的經營情況，那麼選五～十家價格合理且具長期競爭優勢的公司。傳統意義上的多元化投資（廣義上的活躍證券投資）對你就毫無意義了。」

對於散戶來說，對公司的價值分析能力沒有巴菲特那麼傑出，並且是股市裏最大的弱勢群體、人單力薄、資金少、資訊閉塞、能力有限，卻承受著市場的各種風險，例如指數暴跌風險、政策搖擺風險、查處違規資金風險、虛假業績風險、欺詐拐騙風險、套牢風險等，如果手裏同時握著多支股票，不可能將每一支股票都瞭解透徹，在瞬息萬變的股市中是非常危險的。與其多而廣地選股，不如像巴菲特那樣，選擇少數幾支你瞭解並對它們十分有信心的股票，集中優勢兵力方為上策。

第一節　把雞蛋置於同一個籃子裏

不要把所有雞蛋放在同一個籃子裏，是有史以來的天大的謬論，投資應該像馬克·吐溫建議的「把所有雞蛋放在同一個籃子裏，然後小心地看好它」。

——巴菲特

現在大家的理財意識越來越強，許多人認為「不要把所有雞蛋放在同一個籃子裏」，這樣即使某種金融資產發生較大風險，也不會全軍覆沒。但是巴菲特卻有著自己的獨到見解：他認為應該雞蛋放在一個籃子裏，然後小心的看好他。在他看來，一個人的精力是有限的，裝雞蛋的籃子太多常常照顧不周，這樣反而會增加風險。對於散戶們來說，購買自己不熟悉的股票以分散風險的想法是不明智的，倒不如將全部資金集中在自己熟悉的領域和股票上，這樣就可以集中精力和時間照管好自己的資金。

巴菲特認為，多元化是針對無知的一種保護，對於那些知道他們在做什麼的人，多元化其實是毫無意義的。在解釋多元化帶來的困難時，他引用了百老匯主持人比利・羅斯的話：「如果你有四十個妻子，對她們中的任何一個你都無法瞭解清楚。」巴菲特在與商學院的學生交談時，給他們提出這樣的建議，當他們離開學校後可以做一張印有二十個洞的卡片。每一次做投資決策時，就在上面打一個洞。那些打洞較少的人將會更加富有。

對於散戶來說，如果將大部分資金集中投資在少數股票上，巴菲特的經驗告訴你：你將會獲得更安全、更穩定的投資收益率。

對巴菲特來說，集中投資也許是一種極為簡單的策略，但是，散戶們對它的認識可能仍然存在許多錯誤。

一般說來，關於集中投資最為簡潔明瞭的表達為：選擇少數幾種能夠在長期的市場波動中產生高於平均收益的股票，將你手裏的大部分資金投向它們，一旦選定，則不論股市的短期價格如何波動，都堅持持股，穩中取勝。這是一種極為簡單有效的策略，是建立在對所選股票透徹的瞭解之上。一旦你決定運用並堅持這種策略，將使你得以遠離由於股價每日升跌所帶來的困擾。不過，集中投資者並不像看上去的那樣美好，由於一旦失誤可能帶來巨大損失，使得大多數人明知這是一種絕佳的策略，卻不敢輕易去嘗試。

從進入投資行業以來，巴菲特一直對那些錯綜複雜的投資組合不感興趣。他寧願什麼都不做，一直等下去，也從不做過多的投資。巴菲特曾說過，作為一個獨立的投資者的最大優勢便是，他可以站在打擊區永久地等候一個好球，如果他想讓球精確地到達他的肚臍眼上兩英寸而不是其他地方的話，為了達到這一目的，他就可以一直站在那兒等，直到球有一天直的投過來了。巴菲特認為那些總是頻繁操作買進賣出股票的投資者，一定要控制自己的買賣次數，最好給自己的投資數量作個限定值，一年內只買賣一至兩次，或者更少，這樣才可以在選擇股票的時候保持理性。

集中投資的最大好處在於，投資者能夠完全掌握自己即將購買的股票的情況。分散的投資行為太過浪費精力，不如集中力量整合資源做幾個大的投資。巴菲特的一個觀點就是，生活中你沒有必要要求自己凡事皆對，只要你不做太多的錯事就好了。

在巴菲特八歲時買入了他的第一支股票，雖然他因此賺了五美元，但是正是由於他禁不住買了同樣股票的姐姐的嘮叨提前拋掉股票，還是遭受了巨大的損失。因為他拋掉股票不久，這支股票的股價很快從四〇美元一路飆升至二〇〇美元，令巴菲特心痛不已，他決心要永遠記住這次教訓。在後來的職業生涯裏，巴菲特果然從中汲取教訓，他與他的客戶之間從來沒有太多的聯繫，他認為這種關係有利於自己完全依照意願來實施投資策略。他說，依照對集中投資的偏好，他曾將手中四〇%的資金投在了美國運通公司，而如果這一情況被客戶知道的話，他們肯定會非常擔心。他們會向你提出一些問題，或是郵寄他們所能搜集到的所有材料讓你讀。如果你運氣好的話，你可能只是被浪費了一點時間，如果你運氣差的話，你的投資計畫與步驟可能就此被打亂。巴菲特說，這就如同一個外科醫生在實施大手術時，一邊工作一邊與病人閒聊一樣危險。

許多散戶現在可能對集中投資感興趣，除了這一策略表面上的涵義之外，還有許多重要的問題被提及。如何從成千上萬支價格不斷變化的股票中選擇適合投資的股票？在集中投資的策略裏，到底應該持有幾支股票才算「集中」？每支股票的持股時間到底應該為多久？我是不是真的該運用這種策略？對善於學習和思考的人來說，頭腦裏常常會充滿類似的疑問。不過，這些看似簡單的問題卻並不容易給出標準答案，就連巴菲特本人也很難做到。因為在這個充滿變數的時代，沒有人敢說自己真正能夠駕馭市場變化。我們所能做的，只是透過對大師的研究，使大家瞭解到那些行之有效的方法及其奏效的原因，並從市場的變化中找到一套適合自己的投資方式。

第二節　不要試圖去分散風險

> 當你不知道自己在做什麼的時候，那才是風險。
>
> ——巴菲特

在二十世紀八〇年代，很多散戶都沉迷於一個名為「投資組合保險」的投資策略。這個投資策略是將投資組合的專案，永遠在高風險資產和低風險資產之間保持平衡，以確保它的收益不會低於某一個預定的最低標準。當散戶們持有的投資組合價值減少的時候，就是因為把資金從高風險的資產（股票）轉移到低風險的資產（債券或現金）。相反地，在所持有的投資組合價值上漲的時候，則是將資金從風險較少的資產轉移到較具風險的資產上面。

巴菲特對這種「分散」風險的作法就非常反感。他認為，當你不知道自己在做些什麼的時候，那才是風險。而對於一個理性的投資者來說，選擇那些質地優良的公司，捨棄那些不良的公司幾乎就是一件順理成章的事情。

雖然分散風險本身並沒有什麼大錯，尤其是對那些要保護自己資金不受損失的散戶們來說，這點非常重要。但是如果對想賺錢的人來說，保證資金的安全性即使很重要，但它並不是根本，也不是絕對必要的事，如果不想盈利，把錢存入銀行可能更為保險。

試想，如果把雞蛋放進多個籃子裏，一旦所有籃子同時摔倒，那麼也是沒辦法挽救的。亞洲金融風暴即是一例。最佳的投資法是把所有雞蛋放進一個籃子裏，然後小心看管，最好是把它抓的緊緊地。

在決定分散投資前先考考自己，能記住幾個電話號碼？普通人通常能記住一百個，你的極限又是多少？人的精力都是有限的，當手頭股票過多時，很容易分散注意力，失去對單獨股票的感覺。在瞬息萬變的股市中，你必須隨時具備股價變化是否正常的感覺，在此基礎上才有可能控制進出場的時機。買一大堆類別不同的股票，恨不得掛牌的股票每支都買一些，是散戶們的典型錯誤，因為注意力將因此分散。最好的方法是將你寶貴的注意力集中在三至五支最有潛力的股票上，當然可以根據自身能力，逐漸將留意的股票增加到十支左右。但是大家一定要注意，但在任何情況下，都不要超出自己的極限，不要給自己慌亂失控的感覺。

巴菲特的成功告訴我們，集中投資才能帶來成功。隨著年紀的增加和經驗的積累，巴菲特越來越相信，正確的投資方式是把大量的資金，投入到那些你瞭解，而且對其經營深具信心的企業。很多人喜歡把資金分散在一些他們所知無幾，又缺乏任何賣點的投資上，以為這是降低風險的好方法。但是這樣的觀點其實是錯誤的，每個人知識和經驗是有限的，要發現三家以上讓人深具信心的企業並保持對其動態的瞭解是非常困難的。

因此，散戶們絕對應該好好守住幾支前途看好的股票，而不是三心二意地在一堆體質欠佳的股票裏搶進搶出。

第三節　把你的賭注押在高機率上

> 我們的投資僅集中在幾家傑出的公司身上，我們是集中投資者。
>
> ——巴菲特

在股票市場，人人都想把握住好的投資機會，對於散戶們而言，更是希望獲得把握機會的能力。那麼，怎麼樣才能把握住好的機會呢？

當你堅信遇到了可望而不可及的大好機會時，唯一正確的做法是不要錯失良機，趕緊大量投入。這也同樣基於一個常識：當一個事情成功的可能性很大時，你投入越多，回報越大。既然要集中投資就需要十分謹慎的選擇股票，這就是為什麼集中投資比分散投資更有效率的一個原因，分散投資會致使你不自覺的放鬆警惕，讓你不會全身心地投入於其中，因為你總會覺得不用費心，只要廣撒網就會撈到大魚，而這僅是從機率的角度來講的。但是，集中投資就與之不同，它會讓你特別的小心翼翼，因為倘若不這樣做就會失敗收場。

多年來，巴菲特形成了一套他自己選擇可投資公司的戰略。其中一條就是「找出傑出的公司，押大賭注於高機率事件上」。他在公司的選擇上其實是基於一個普通常識：一家公司的股價可以在一定程度上代表它的內在價值，如公司經營有方，管理者智慧超群等。因此巴菲特並未將大部分精力用於跟蹤股價，而是專注於分析潛在企業的經濟狀況以及評估它的管理狀況。巴菲特習慣在分析過程使用一整套的投資原理或基本原則，對每一個投資機會進行檢驗。將這些分析工具啟動並且綜合運用，就可以為我們找到那些能為我們帶來最高經濟回報的公司。

巴菲特的基本原則將會帶你走進那些好的公司，從而使你合情合理地進行集中證券投資，因此，你投資的首選就是那些長期業績超群且管理層穩定的公司，它們不僅在過去的運行中能夠穩中求勝，在將來也定會產出高額業績。這就是集中投資的核心：將你的投資集中在產生高於平均業績的機率最高的幾家公司上。

巴菲特不止一次地說到如何精選自己的雞蛋。前面我們曾經提到要投資自己熟悉的領域，因此，要首先選擇自己熟悉的行業，其次是行業前景的選擇。從巴菲特的投資歷史來看，他投資的都是一些傳統的經濟行業，這些行業比較穩定，短期波動較小，而長期內增長潛力強勁，根據對巴菲特歷年投資組合的分析，可以看出，他鍾愛的行業主要有：銀行、保險、媒體、餐飲、能源。這些行業均具有穩定的特點，短期波動可能較小，長期的增長潛力比較強勁，因此是長期持有的不錯選擇。

巴菲特從自己的投資經驗中得知，質地優良、經營良好的企業通常價格都較高。而一旦見到價格低廉的績優企業，他會毫不猶豫地大量收購。而他的收購行為完全不受經濟景氣及市場悲觀氣氛的影響。只要他相信這項投資是絕對具有吸引力的，他就會大膽購買。這種集中投資的策略，使他獲益甚豐。

一九八八年，巴菲特就打了一場漂亮仗。他先是出色地收購了一四〇〇萬美元股價的可口可樂股票。年底，他在可口可樂的投資高達五・九四億元。次年，又增加了九一七五五〇〇股折股權，使得伯克希爾在可口可樂公司的投資超過了一〇億美元。這個果斷的行動給巴菲特帶來了高額利潤。到一九八九年底，伯克希爾在可口可樂的未實現收益高達七・八億美元。在伯克希爾的普通股投資組合中，其中日常消費品占了一半以上。

集中投資的主要目的是賺錢，因此，關於合理分配資金的分散投資理論的勸告就不再那麼有說服力。根據分散投資理論，應該進行跨市場、跨地區的投資。在全球市場中，既投資歐美市場，也投資日本、香港等亞洲市場，甚至包括泰國、韓國等新興市場；既投資股票市場，也投資債券、石油金屬等商品期貨市場。另外，從狹義的角度講，分散投資還要進行跨品種的投資，如股票市場中，金融股、傳統產業、新興產業相錯，長線投資、短線投資統籌，不一而足，但這樣的投資方式的前提條件是，要對各個市場有充分的瞭解，既瞭解國內市場又要瞭解國際市場，還要對各個行業以及各個品種有所把握才行，這樣一來對投資者的要求無疑就增加了很多，確切地說這些都是對法人投資者的要求，散戶難以具備這樣的條件和優勢。

與其瞭解如此多的行業和規則，不如看準自己熟悉的行業，看準自己熟悉的公司，買入一兩家具有增長潛力的公司，然後小心地看好它們，這就足夠了。要記住，巴菲特的股票種類從來不會超過十二個。

「對你所做的每一筆投資，你都應當有勇氣和信心將你淨資產的一〇%以上投入此股」，故巴菲特說理想的投資組合不應超過十支股票，因為每個個股的投資都在一〇%以上。集中投資並不是找出十家好股票然後將股本平攤在上面這麼簡單的事。儘管在集中投資中所有的股票都是高機率事件股，但總有些股不可避免地高於其他股，這就需要按比例分配投資股本。玩撲克賭博的人對這一技巧瞭若指掌：當牌局形勢對我們絕對有利時，要下大賭注。

當然，我們在理解巴菲特所說的「下大賭注」時，一定要注意，任何大動作都是建立在對行情的充分瞭解基礎上的，是經過慎重考慮的。機會來臨時出手的果斷與平時的基本功是分不開的。巴菲特認為，任何時候都不要忘記慎重這兩個字，因為沒有誰能一下子就看清楚股市的真正走向。五分鐘前還大幅上揚的股票，五分鐘後立即狂跌的情況也時有發生，你根本無法準確地判斷出這個變化的轉捩點。所以，在進行任何大規模投資之前，必須先試探一下，心裏有底之後再逐漸加大投資。

很多散戶往往在對股票還不是很瞭解的情況下，聽信一些小道消息，就認為賺大錢的機會到了，就將辛苦賺來的錢，甚至是借來的錢投到股票上，這種盲目的冒險不是我們所推崇的，往往會給自己和家庭帶來危機和不幸。我們在學習巴菲特「下大賭注」的投資策略時，一定要弄清事情的前提，做到「心中有數」。

第四節　優化自己的投資組合

集中投資於投資者非常瞭解的優秀公司的股票，投資風險遠遠小於分散投資於許多投資者根本不瞭解的公司的股票。

——巴菲特

巴菲特之所以能夠成功地管理伯克希爾的投資組合，主要是他能以不變應萬變。當大多數人都難抵誘惑，並不斷在股市中搶進搶出時，巴菲特卻很理智的靜觀，以靜制動。當他在紐約工作的時候，總是有人跑來跟他討論股市的行情，買哪家公司股票賺錢等等。每當這時，巴菲特都能保持一顆冷靜的頭腦，並且做出自己的正確判斷。

巴菲特的投資組合一向是大家追求的聖經，其實他的投資組合頗為簡單，但無不顯示了他穩健的投資風格。

從巴菲特的投資組合我們有什麼發現呢？

首先，巴菲特每年持有的股票是屈指可數的。巴菲特每年的持股組合在十三～十五支之間，作為投資大師，這樣數量的股票絕對是少之又少的。

其次，很多公司的股票巴菲特都是連年持有，這在各年的投資組合中一眼就能看出來。

再次，巴菲特的投資行業比較集中，可見他對所投資的領域都非常的熟悉。

巴菲特擁有的股票在跌勢中抗跌，而在漲勢中又能跑贏大盤。他的業績比道瓊工業指數高出了二三%，並且，他沒有任何一個虧損年度。這是怎麼做到的呢？也就是說巴菲特的投資組合是一個處於強勁上升過程中的投資組合。而且，他的投資組合在大市不利的情況下仍然能夠繼續上漲，他取得如此高的收益卻沒有太多的波動，說明其投資組合的穩定性非常地好。不管如何看，這份業績只有天才才能做得到。

成功的集中投資家需要培養一種性情。道路總是崎嶇不平的，選擇走哪條路才是正確的，經常是與人的直覺背道而馳的。股市的頻繁性波動容易使散戶們產生不安定的感覺，從而做出不理智的舉動。你需要耐心地控制這些情緒，並隨時準備採取理智行動，哪怕你的直覺呼喚你做出相反的行為也要不為所動。如前所示，未來總是獎勵集中投資者，因為他們意志堅定並且付出了巨大的努力。

巴菲特的組合則更加集中，均以企業本質及投資價格為選股焦點。只要該企業的財務狀況和他購買時一樣好，巴菲特就願意永遠握有該股票，這確保他能夠長期受惠於保留盈餘的複利效果，同時也能避免因出售股票而被稅率侵食。

當巴菲特在一九六三年購買美國運通股時，或許他在選股中已經運用了優選法理論。五〇年代到六〇年代，巴菲特服務於一家位於內布拉斯加州奧瑪哈的有限投資合夥公司，這個合夥企業使得他能夠在獲利機會上升時，將股資的大部分投入進去。一九六三年這個機會來了。由於提諾・德・安吉列牌沙拉油醜聞，美國運通的股價從六五美元直落到三五美元，當時的人們大都認為運通公司對偽造倉儲發票，負有不可推卸的責任，而此時的巴菲特卻將公司資產的四〇％共計一三〇〇萬美元投在了這個優秀股票上，占當時運通股的五％。在其後的二年裏，運通股票翻了三倍，巴菲特所在的合夥公司賺走了二〇〇〇萬美元的利潤。

巴菲特曾將其在股票市場的「生財之道」總結為：「當我投資購買股票時，我把自己當作企業分析家，而不是市場分析家、證券分析家或者宏觀經濟學家。」巴菲特從不名一文到富可敵國，自始至終總是在資本市場上尋找著價值被低估的股票，而他對利用技術分析、內幕消息進行投機總是不屑一顧。這種可以稱之為過於自我的投資理念卻讓他長期獲利。

巴菲特在進行投資的時候看重的是五點要素：第一是收益；第二是股本回報率；第三是沒有債務；第四是在收購企業的同時，還聘請這個企業的管理人士；第五就是這個企業必須從事的是一種比較簡單的業務。

巴菲特建議大家合理構建新的投資組合方法。以往的組合方法，是將資金分散於不同的投資工具，然後按其風險高低而投入不同比例的資金。風險越高的，資金投入越少。而巴菲特的投資組合卻是以該種投資工具管理所需要的時間作為出發點。越需要時間看著市勢而決定的投資，投資額應該越低。越不需要花時間去打理的，投資額可以越高。

散戶們可以自己衡量下自己的時間分配。越是要花時間的投資，越難打理，越是要花心思。這類投資就應該比例上最小。人的精力是有限的，千萬不要使自己為管理投資組合而疲於奔命。不用太多時間管理的，卻可以多投資一些，使自己有更多空閒時間休息、娛樂、陪伴家人、旅遊等。根據實際，優化自己的投資組合，讓自己的投資更有效率。

巴菲特的成功告訴我們，集中投資才能帶來成功。隨著年紀的增加和經驗的積累，巴菲特越來越相信，正確的投資方式是把大量的資金，投入到那些你瞭解，而且對其經營深具信心的企業。

Gold Edition Warren Buffett 9

忠告八

放長線，釣大魚——投資策略

散戶們投資，一般分為兩類：一類是短線，就是短期持有。賺一些就賣出，這叫落袋為安；賠一些也賣，這叫割肉停損。短線講究的是快進快出，賺的是快錢，儘管是小錢，但是積少成多。另一種是長線，就是長期持有。短期賺一些並不賣，而是長期賺大錢。長線講究的是持股，慢進慢出，賺的是慢錢，但賺的是大錢。

短線和長線相比，誰的業績好呢？短線就像是跳來跳去的兔子，長線像是行動緩慢的烏龜，在股市上，每天都在進行龜兔賽跑。大家都知道第一次龜兔賽跑的故事，現在我們來看看第二次龜兔賽跑的故事：

由於第一次兔子太驕傲，自以為勝券在握，結果在半途中因為睡覺而輸給了烏龜，兔子感到既氣憤又無地自容，他決定再約烏龜比試一次，以決雌雄。烏龜說：「好，這次我們來個更遠的比賽，跑個馬拉松。」兔子說：「行，再遠我也不怕！」這次兔子再也不敢睡覺了，它不停地一跳一跳的往前跑。但是兔子有個毛病，它喜歡東跳跳，西跳跳，結果儘管它的速度很快，但是由於不停的變換方向，它前進的距離有限。而烏龜認准了前進的正確方向，一直不停的往前爬，最終又一次率先到達了終點。這時，兔子不知在森林的什麼地方正跳來跳去不知方向呢。

童話中的烏龜戰勝了兔子，那現實中龜兔賽跑的結果又如何呢？

在股市中，同樣是烏龜戰勝兔子。短線頻繁買賣的投機者就是一個東跑西跑卻迷失目標的兔子，而長期投資者就是朝著一個方向不斷前進並最終成功的烏龜。而我們的股神巴菲特就是最成功的投資烏龜。「一鳥在手勝過百鳥在林！」這是巴菲特在伯克希爾．哈撒韋公司的年報裏，引用的《伊索寓言》中的諺語。

在從一九六五年開始的投資生涯中，巴菲特透過長期持有為數不多的股票，擊敗了華爾街的投機炒家，證明長期投資是一條可以走向成功的可選擇之路。巴菲特的成功，正是市場對他堅守的回報。

早期收購伯克希爾公司、政府雇員保險公司（GEICO）和華盛頓郵報，巴菲特親力親為去拜訪公司管理層。以後的收購行動則較少這樣做。為什麼會有這種轉變？巴菲特比較認同資料背後的真相。你怎樣才能看到這個企業長期的競爭力，這個難度是比較大的。也就是說，定量的方法不是投資當中最關鍵的，定性的東西才是。

一九八七年十月，美國股票市場暴跌，巴菲特手中僅持有三種股票，分別是價值一〇億美元的美國廣播公司、七．五億美元的GEICO以及三．二三億美元的華盛頓郵報。將二〇億美元的投資全部集中在三支股票上，這在當時的法人投資者中相當少見。幸運的是，巴菲特有足夠的智慧，挑選並擁有好的企業，以抗衡各種各樣的危機。

「如果我們不願意擁有一家股票十年，那就不要考慮擁有它十分鐘。」一這是巴菲特選擇企業的原則。對長期股權投資者來說，深入瞭解一家企業是最核心的問題。巴菲特所認同的正是那些個人利益與股東利益相一致的管理人員，並盡可能與之建立私人友誼。二十世紀九〇年代逐漸風行的「關係投資」理念，巴菲特是最好的身體力行者。他認為成功的投資應該是股東、管理者、客戶共贏的結果。因此，挑選優秀的管理者，與他們長期坦誠地合作，是股東當仁不讓的職責。

巴菲特的投資哲學和其他人比較，開始的時候沒有什麼太大的差別，但是走得遠了差別就出來了。作為人生來說，你在某一個時刻或者對某一個方法來說你只能選擇一條路。

堅持價值投資這個選擇，其實並不容易，因為這是一條孤獨的佈滿荊棘的路。要想堅持下去必須具有超人的耐力和敢於突破靈魂深處的障礙。當投資碰到危機的時候，很多人想到的就是撤退，一賣了之。但越是這樣就永遠都不能到達彼岸。很多人都認為自己是價值投資者，但是無論是從精神還是成績來看，沒有人能跟巴菲特相提並論。

投資中的風險無處不在。對風險思考的角度不同，會帶來截然相反的投資決策和悲歡結局。

巴菲特的偉大不在於他財富的多少，而在於他非凡的投資理念，懂得用一生的歲月去堅持，並善於在歷史的關鍵時刻認真思考和做出交易抉擇，這也是他的成功之處。

對於散戶來說，最難的事是什麼？就是在最艱難的時刻在正確的方向上堅持！也就是真正學會「放長線，釣大魚」的投資策略。

第一節 長期持有，魅力無窮

> 如果你沒有持有一種股票十年的準備，那麼連十分鐘都不要持有這種股票。
>
> ——巴菲特

我們做事要有始有終，慎始慎終。但是事實上，大部分人都是虎頭蛇尾，有好的開始，卻沒有堅持到一個好的結尾。散戶都希望能夠逮住市場中的大牛股，但是要想賺到大錢，不但要選對大牛股，還要拿住大牛股。正如巴菲特所說：「用屁股賺錢比用腦袋賺錢更多。」很多人絞盡腦汁來選大牛股，卻不能穩穩地坐到大牛股的牛背上。而是不停地從一個牛背跳上另一個牛背，結果騎了很多牛，卻沒能跑多遠。回頭一看可能才發現，其實騎著固定一隻大牛股，都能跑得很遠。

在這裏，我們應該學習巴菲特，在股票上實現長期巨大的收益，就一定要拿住股票。巴菲特奉行長期投資戰略，當公司股價被市場嚴重低估時他大量買進，然後一直長期持有。這就是巴菲特著名的內在價值高於市面價值的投資理論。例如為他帶來巨額投資回報的吉列股，他就持有整整十六年。如今，巴菲特持有美國運通、可口可樂、迪士尼、吉利刀片、麥當勞及花旗銀行等許多大公司的股票。巴菲特投資於這些經營穩健、講究誠信、分紅回報高的企業，以最大限度地確保投資的保值和增值。

投資應該是一種長期的行為，因為沒有人能夠成功地預測股市的短期波動走勢。短期交易是一種危險的遊戲。如果把短期交易的費用加起來，包括稅收和手續費，會給你的投資業績造成幾乎不可逾越的障礙。如果你把買股票作為一個重大的購買行為，就像你不會在一年內買賣你的房子、汽車二十次。巴菲特始終堅持這個觀點，如果你沒有持有一種股票十年的準備，那麼連十分鐘都不要持有這種股票。

對於長期持有者來說，主要有兩大好處：

長期持有可以降低交易成本

對於長期持有者來說，交易的次數越少，能使交易手續費等交易成本在投資總額中所占的比重很少。而短期持有，頻繁的買進賣出，各種手續成本會慢慢積累起來，最後在投資總額中占較大的比重。相應的，收益也會減少。這個時候如果你想獲得超過市場平均水準的超額收益，那每筆投資的收益，應當比市場平均水準還要高出幾個百分點，才能彌補交易成本。

長期持有可以增加複利

作為一般的散戶來說，沒有任何因素比時間更有影響力。隨著時間的延續，複利將發揮巨大的作用，巴菲特就因為長期持有、換手率極低而享受了複利的甜頭。巴菲特非常瞭解複利增長的奧妙，他的投資年複利增長為二八．四％，藉此成為了全球的超級富豪。很小的百分比在一段長時間內所造成的差異也是令人吃驚的。例如，你有一〇萬美元以五％的免稅年獲利率計算，經過三十年後，將值三四．二二萬美元，但如果是年利率一〇％，三十年後將值一七四．四九萬美元，這是多麼巨大的差別。

節省交易成本、增加複利，這一來一往，一增一減，長期持有的魅力顯現無窮。巴菲特就是憑著長線投資策略，四十多年來，為信任他的投資理念、為向他公司投資的幾十萬股東創造了三萬多倍的高額回報，為美國、英國、德國、印度和加拿大等地的三十多萬名股東，培育了數以萬計的百萬富翁、千萬富翁和億萬富翁。據統計，僅在巴菲特長期居住的奧馬哈市，伯克希爾公司就造就了二〇〇名億萬富翁。

巴菲特始終以企業的實質價值作為投資的首要標準。他的操作路線可以歸納為：分析、等待、跟蹤、買入、持有、繼續等待……看似枯燥簡單，但是為他和他的公司帶來了巨大的財富。巴菲特擅長相對低的價格購買資金回報率較高的股票。一九八九年美國股災，大多數人陷入困境的時候，巴菲特以相當便宜的價格從容地購買了大量可口可樂公司的股票，又為他輝煌的投資史上記下了榮耀的一筆。一旦買入，巴菲特就會做較長期的持有，他認為，投資之前著眼的就是企業的未來價值，因此沒有什麼時間值得把優質的企業賣掉，特別是像可口可樂這樣的明星股，他認為，賣出的時間是永遠。

在巴菲特對吉列品牌也是深信不疑，在他對吉列的長期持有過程中，再次證明了長線是金這個真理。巴菲特從一九八九年開始入股吉列，當時協助吉列成功地抵擋住投機者的惡意收購攻勢，拿出六億美元買下近九九〇〇萬股吉列股票。並且在隨後的十六年中，巴菲特一直持有吉列，即使上世紀九〇年代末期吉列股價大跌引發其他大股東拋售股票時也不為所動。期間，吉列股價因被寶潔購併而每股猛漲五・七五美元至五一・六美元。這一漲，巴菲特的吉列總市值衝破了五一億美元。

就以一九八九年巴菲特最初在吉列投資的六億美元計算，這筆投資在十六年中已增值四五億美元，年均投資收益率高達一四%。

如果我們在一九八九年拿六億美元投資於標準普爾五〇〇指數基金，現在只能拿到二二億美元。這就意味著巴菲特投資收益比標準普爾五〇〇指數基金高出一倍還多，用專業人士的話說就是巴菲特跑贏了大盤。

巴菲特反覆對投資者宣揚這樣的投資理念，投資股票其實就是投資公司，必須長期持有，這樣你才能享受到作為一個股東銷售公司創造的價值增值，其實每一個普通人都可以用這樣的理念來積累長期的財富。散戶們也許達不到巴菲特這樣的境界，但是這個長期持有的觀念一定要牢記於心中。記住，股票投資絕不是閃電戰，而是持久戰，最後的勝利在於堅持，堅持，堅持！

第二節 用永久婚姻的態度來持股

> 用永久婚姻的態度來持股。
>
> ——巴菲特

你買了房子後，並不會因為房價一時的上漲下跌，就買來賣去。你娶了妻子後，也並不會因為感情一時的變化，就離來離去。戀愛、結婚是一時的行為，但最終得到幸福的婚姻，卻需要一生的相守。很多人都轟轟烈烈的愛過，但相對來說能夠相伴一生、幸福到老的卻很少，原因在於他們沒有能長相守。

買入股票是一時的行為，但長期持有、收穫巨大的盈利需要幾年甚至幾十年的時間。很多人都找到了並買到了大牛股，但只有少數人真正賺到了大錢。原因在於很大部分人堅持不住，沒有長期持有。

婚姻幸福的秘訣是，與真正值得愛的人一生相守，到死都還愛著；而成功投資的秘訣是，與真正值得持有的優秀公司股票一生相守。其實婚姻和投資具有一定的相似性，經得起考驗的婚姻和投資都需要用時間來證明。巴菲特的觀點就是，堅持用永久婚姻的態度來持股。

當然，巴菲特推崇長期投資的前提是，投資的企業必須是一家優秀的具備長期成長性的好企業。「人們習慣把每天短線進出股市的投機客稱之為投資者，就好像大家把不斷發生一夜情的愛情騙子當成浪漫情人一樣。」他認為，投資和投機的區別在於：投機者主要關注的是公司股價，而投資者則關注於公司的業務狀況。

巴菲特的經典在於，即使葛林斯班對他悄悄耳語「將降息或提息」，他也絕對不會改變其上述兩條基本投資經驗而動搖心態。實際上這反應了巴菲特高度的自強自信和頑強的精神風格，以及高屋建瓴、灑脫飄逸的心境。相反地，散戶們意志通常不太堅定，常常左搖右擺、見風就是雨，沒有定力，最後卻避免不了吃虧。

很多人認為長期持有很困難，就跟很多人結婚以後很難挺過「七年之癢」一樣，周圍的誘惑太多，一不小心，就陷入種種泥沼，不能自拔。巴菲特就很鄙視這種做法，他認為把頻繁的人稱為投資者，就如同把經常體驗一夜情的人稱為浪漫主義者一樣的荒謬。其實，投資跟婚姻的確有很多相似之處，在適當的時候挑選好股票，就如同在成熟的時機與戀人結婚一樣，不論股票還是婚姻，只要情況良好就一直保持，與它白頭偕老。

事實上，巴菲特有自己對企業的衡量標準，所以他很少能同時發現三家以上可讓他有信心的企業，他崇尚集中投資，常常將大得驚人的資金集中投資在幾種股票上，因為只有將資金放在他能力範圍內他才放心。購入股票之後，巴菲特總是長期甚至打算永久持股，而這些股票總是回贈給他豐厚的利潤。

「因為我把自己當成是企業經營者，所以我成為更優秀的投資人；因為我把自己當成是投資人，所以我成為更優秀的企業經營者。」正是因為時刻意識到這種雙重身份，巴菲特才不會去關心股票的漲跌，也不會為了眼前有利可圖而拋售手中好的股票，而是專注於企業的經營管理，充分瞭解企業。他相信傑出的績效總有一天會反映到股價上去。

跟婚姻一樣，一旦選好自己的另一半，就矢志不渝。他的投資經營方式也值得一提，他並不尋求大規模的轉變，也不全盤控制，他提供長期資金並監督公司，讓經營者繼續執行公司的政策。這種「關係投資」模式果然為巴菲特贏得了巨額利潤。

蘇軾說：「古之立大志者，不唯有超世之才，亦必有堅韌不拔之志。」要學習巴菲特，首先問問自己，我下定決心長期持有了嗎？

有個笑話，一人投資了股票，但是中途因為犯事被關進監獄，幾年後獄滿出來，發現自己的股票已經漲了幾十倍，自己已經成了名副其實的富翁，這人感歎道：「如果我沒有進監獄，恐怕前段時間大盤下跌的時候我早就割肉拋掉了，哪裡還有這樣的收益？」

對於散戶來說，應該切記投資股市與婚姻的關係，不宜過分偏重一時的得失，而應著眼於發展出一套穩健可靠的投資理念，就像維繫自己的婚姻一樣，尋求長期優越的回報。

第三節　一旦擁有別無所求

> 短線而言，股票市場是投票機，人氣旺的股票走高；但是長線來看，股票市場是體重計，本質好的股票永遠不會寂寞。
>
> ——巴菲特

我們知道，巴菲特的投資策略基本上都是長線投資，他的投資理念可以歸納為三點：首先是尋找有價值的股票，然後買下這種股票，最後就是耐心等待股票上漲。巴菲特的淘金術屢試不爽，主要就是因為他的堅持。一旦看準，就立即買下並且毫不動搖，一路持有。

散戶們資金量比較小，獲取的資訊不對稱，而且對政策把握能力不強，很難掌控變化莫測的股市，因此很少有散戶真正進行長線投資。但是如果散戶們能換個角度來考慮問題，樹立堅定的信念，不為一時的小利所迷惑，樹立「一旦擁有，別無所求」的心態，就不難像巴菲特一樣釣到大魚。其實我們主要要把握以下兩點：

首先我們要做的是選準進場的時機。股市通常分為熊市和牛市，而熊市和牛市是交相更替的。通常牛市交易活躍，進場者蜂擁而至；而熊市總是交易冷清，人氣低落。熊市通常比較長，而牛市比較短，這是大家都比較清楚的。明智的投資者應該選在市道低迷的時候進場，因為這個股市的發展歷程表明，賠錢最多的往往不是在熊市，而是在牛市。雖然牛市人氣比較旺，而且賺錢的機會遠大於熊市，獲暴利的機會也比較多，但在牛市炒股就像在高空耍雜技一樣充滿風險，稍不留神就會受到重大傷害。只有極少數經驗豐富、技藝高超的人才能高唱凱歌地離開牛市，勝利者都只是少數，大多數投資者只能做牛市的炮灰。因此，股市過熱了反而沒有投資價值，而股市越是低迷，越有投資價值。低迷的股市積蓄了大量的能量，往往能創造出成功的投資者。在大盤跌無可跌、人心極度悲觀、談股色變的時候大膽進場，敢於果斷出手的人，往往就是勝利者。

第二點我們要考慮的是長線選股的技巧。長線投資能獲取豐厚的回報，這是巴菲特們無數次證明了的鐵律。但是獲利的關鍵還是選好股。從長線考慮，我們可以用「剝皮法」來選股。大家都知道竹筍，筍芯炒起來鮮嫩可口，但是如果不把老化的外皮給一層層剝掉的話，是得不到鮮嫩的筍芯的。我們做長線，就要像剝筍子皮一樣，一層一層的把皮剝掉，只有把精華部分留出來，才能達到怎麼做著吃都美味的效果。只要選股能過關，剩下來的事情就是坐著等分紅利了。散戶投資者之所以虧損，最根本原因在於獲取資訊的不確定性。即時捕捉政策面和資訊面的變化，挖掘上市公司內在價值，超前佈局，穩健套利，在選股上就首先要搶佔先機。

以下幾類公司股票，絕對不能購買。一是弄虛作假。大股東虛假陳述，隱瞞應當披露的資訊，內幕交易，提供虛假財務報表等。二是惡意炒作。被媒體質疑，惡意炒作、累計漲幅巨大的公司。三是公司業績差，無穩定現金分配。四是公司業務涉及過廣，主業不突出。五是經營不善，公司業績大幅波動，風險較高。六是行業整體不景氣。

透過上面幾點總結，我們把一部分股票剝離掉。進一步分析，我們就不難發現，符合下列四種條件的個股可以關注。

一、選擇壟斷性公司股票。這也是巴菲特最鍾愛的公司類型，包括地理位置壟斷、資源壟斷、行政許可壟斷、技術壟斷等上市公司。這些公司擴張能力強，發展速度快，而且未來的收益有保證，是可以放心持有的公司。因為壟斷性，這類公司一般係數比較高，缺點是可能股價較高和不容易買到，

二、選擇土地儲備豐富的公司股票。有的上市公司是以土地低價折股入資的，如果土地所處地理位置好，在經濟繁榮時，這些土地的增值非常快，公司可以在房地產、商業方面有較好的發展措施，可以產生巨大的收益，即使遇到通貨膨脹，因為有土地資源，也可以適當抵消其影響，繼續快速發展。

三、選擇配息較高的股票。近幾年，大部分上市公司經過了幾輪配置，有的配息很高，對投資者來說當然是不利的，但對於後來的投資者而言，由於配息比較高，使公司潛力增大了；而有的上市公司為了短期利益，在股市不景氣時只好低價配股，稀釋了上市公司的股權。因此從總體上來說，配息較高的公司長期前景較好。

四、選擇券商包銷配股的股票。有的上市公司在實施配股時恰恰遇上大勢低迷，而配股則認購不足，被承銷商「吃不了兜著走」。由於這些券商持有大量的股票，在股市好轉時，這些股票就可能跑到大盤的前面。

以上四類股票可以根據自己的實際情況結合到一起來考慮。

巴菲特有句名言：「短線而言，股票市場是投票機，人氣旺的股票走高；但是長線來來看，股票市場是體重計，本質好的股票永遠不會寂寞」。因此，只要我們掌握好長線選股的方法，就能夠一旦擁有，別無所求。

第四節 讓收益與潛力股一起成長

> 投資的秘訣在於，在適當的時機挑選優秀的股票，然後長期持有。
>
> ——巴菲特

我們在股市中很喜歡尋找大牛股，可是大牛股畢竟是少數，而且需要把握精準的進出機會，而且不容易掌控。如果我們能夠將頭埋得低一些，眼光看得遠一些，就應該發現，潛力股也是股市中不可忽視的明星。

就跟女孩子找對象一樣，大牛股往往都是功成名就的成功人士，在尋找這類人的時候難度自然比較大，要麼是已有家室，要麼他們本身對對象的要求比較高，不是要求地位成就相當，就是要求年輕貌美，在這個美女如雲的時代，僅有這兩條還不夠，你還得有點運氣，有點才華，因此找到的幾率也偏小。如果是尋找現在剛剛起步，但是自身潛力較大的人，找到的幾率就比較大了，只要你具有一定的前瞻能力，並願意耐心等待，獲益會頗豐，而且通常潛力股的忠誠度較高，透過這樣培養出來的感情也比較深厚。

股市的風險跟婚姻的風險一樣，人人都知道不是賠就是賺，但還是冒著五〇%失敗的機率勇往直前。所以，要想減低風險，就得有投資眼光。就像尋找挑選值得培養的男人一樣，你得學會尋找潛力股。有些人說，辛辛苦苦培養他半天，等到他功成名就，他還不一腳踢開你這黃臉婆？我說，此言只見其一，不見其二。你若做過分析調查，可能會發現一個意外事實，「休」糟糠之妻的比維持家庭的比例小的多。同樣的，潛力股也是如此，只要你耐心的呵護它，它必然會給你帶來豐厚的回報。

巴菲特在進行長期投資時，總是尋找那些他相信在從現在開始的十年或者二十年的時間裏，實際上肯定擁有巨大競爭力的企業，實際上也是我們通常所說的成長型股票，即潛力股。

在潛力股的盈利能力分析中，巴菲特總結了以下三個方面：一、產品盈利能力：產品盈利能力的標準並非與所有上市公司相比是否最高，而是與同行業競爭對手相比，其產品盈利水準往往遠遠超過競爭對手。二、權益資本盈利能力：即淨資產收益率，代表公司利用現有資本的盈利能力高低。三、留存收益盈利能力：未向股東分配的利潤進行投資的回報，代表了管理層運用新增資本的能力，也代表了公司利用內部資本的成長性高低。

以可口可樂為例，巴菲特在一九八八至一九八九年以一三億美元投資可口可樂，至今已盈利七〇億美元。除了超級長期穩定業務和超級經濟特許權等持續競爭優勢外，巴菲特還看中可口可樂的超級產品盈利能力和超級資本配置能力。在過去十年裏，可口可樂營業收入增長二・七五倍，而營業利潤增長了二・五八倍。同時，在過去的十二年回購公司二五％的股份，提升了其股票的內含價值，股價的表現令持有者受益良多。

此外，成長型股票的市場容量比較大。隨著越來越多的人進入小康，現在股票市場已經成為一個龐大而非常富有潛力的市場。但是，由於行業不同，市場容量和發展空間也就大不相同，如傳統的商業企業的市場容量就無法和高科技製造業的企業相比擬。在這方面，朝陽行業的企業發展空間也要比夕陽行業企業的發展空間大得多。

除此之外，成長型股票還有以下特徵：首先，屬於成長型工業，今後被認為是成長型的工業是生物工程、太空與海洋工業、電子自動化與儀器設備及與提高生活水準有關的工業。其次，資本額較少，較易期待其成長，且可以計畫增資，造成股價上漲。

作為散戶，為了確保資金安全，可以選擇成長型企業作為長期投資的對象。而潛力企業的標準，可以參考以下：

- 公司的產品或服務有沒有充分的市場潛力，至少幾年內營業額能否大幅增長？
- 是否有開發新產品和新工藝以適應市場的變化？

■和公司的規模相比，公司在發展上的研究有多大努力和有多大的成果？

■公司有沒有高人一等的銷售組織？

■公司的利潤率高不高？

■為了維持和改善利潤率，公司做了什麼努力？

■公司的勞資雙方和人事關係是不是很好？

■公司管理階層的深度夠嗎？

■公司的成本分析和會計記錄做得如何？

■是不是在所在領域有獨到之處？

■公司有沒有短期或長期的盈餘展望？

■管理階層是不是只向投資人報喜不報憂？

如果一個企業符合以上標準的大部分，那麼，這樣的企業就具有長期投資的價值，它也必然帶來大量的盈利，不僅能夠保證你本金的安全，而且還能給你帶來豐厚的股息和紅包。

第五節　在忍無可忍時，再忍一忍

想要在股市從事波段操作是神做的事，不是人做的事。
——巴菲特

希望達到的回報越高，需要等待的時間越長。

耐心和自制力都是聽起來很簡單但做起來很困難的事情。投資股市是極其枯燥無味的工作，可能很多散戶都認為投資股市是一件極其刺激好玩的事情，但這是因為你把買股票當成消遣，沒有將它當成嚴肅的工作。

例如一個圍棋愛好者，可能會覺得圍棋很好玩。但問問那些下棋為生的人，他們一定會告訴你成日盯著棋譜是多麼的枯燥單調。其中的道理是一樣的。每天收集資料，判斷行情，將其和自己的經驗融合並定好投資計畫，偶爾做做或許是興奮有趣的事，但經年累月地重複同樣的工作就是「苦工」。

但是你不把「苦工」當成習慣，你在這行成功的機會就不大。

投資股市是如此的單調乏味，可新手們就喜歡不顧外在條件地在股市跳進跳出尋刺激。在算帳的時候，你自然明白尋找這一刺激的代價是多麼高昂。你必須培養自己的耐心和自制力，否則想在這行成功是很難的。

看過獅子是怎樣捕獵的嗎？它耐心地等待獵物，只有在時機及取勝機會都適合的時候，它才從草叢中跳出來。成功的投資人具有同樣的特點，他絕不為炒作而進場，他等待合適的時機，然後採取行動。

等待時機也如種植花草。大家都知道春天是播種的時候，無論你多麼喜歡花，在冬天把種子播入土的結果將是什麼是很清楚的。你不能太早，也不能太遲，在正確的時間和環境做正確的事才有可能得到預想的效果。不幸的是，對散戶而言，往往不是沒有耐心，也不是不知道危險，他們也知道春天是播種的時機，但問題是他們沒有足夠的知識和經驗判定何時是春天！

這需要漫長且艱難的學習過程，除了熬之外，沒有其他的辦法。當你經歷了足夠的升和跌，你的資金隨升跌起伏，你的希望和恐懼隨升跌而擺動，逐漸地，你的靈感就培養起來了。

投資哲學中有句話叫：「股價橫起來有多長，豎起來就有多高」；換個說法，就是「以時間換取空間」——只要有耐心，股價總會上漲的。只是希望達到的回報越高，需要等待的時間越長。巴菲特就為我們實踐了這個真理。

羅伯特・蕭於一九六七年跟弟弟合夥創建了蕭氏地毯工業，經過幾十年的經營，蕭氏地毯工業發展成當時世界上最大的地毯製造商。然而，上個世紀九〇年代末，蕭氏地毯工業的發展卻出現了受阻情況，公司的股票一路下跌。蕭氏公司非常希望巴菲特能夠投資該公司，對一個企業而言，得到巴菲特的投資是一件求之不得的事情，因為它向華爾街的其他投資者發出了一個信號——這家公司的股票是值得擁有的。而巴菲特也認為地毯業是一項基礎的消費行業，人們會一直用地毯，但是巴菲特卻沒有急著下手。

後來，蕭找到巴菲特談及投資的事宜，反覆強調公司是世界上最大的地毯公司，屬於成長性企業，後期一定看好，只是目前出現經濟困境，巴菲特仍是不急不徐，不肯表態。當蕭無可奈何地準備離開時，巴菲特才有意無意的問道：「假如伯克希爾公司在公開市場上購買蕭氏公司的股票，他們是否會介意？」而此時，蕭氏公司的股票已經跌到了一三美元／股。巴菲特最終沒有讓蕭失望，因為他一直都在關注蕭氏股票的價格，只有市場嚴重低估了其內在價值時，巴菲特才會收購。

巴菲特的這次收購前後歷時四個多月，巴菲特的耐心不言而喻，因為他對符合收購條件的公司即使歷經「磨難」也絕不放棄。十月末，巴菲特的伯克希爾公司以每股一三美元的價格大量收購了蕭氏地毯工業的股票，動用資金約二〇億美元。

從這個例子中散戶總能學到很多的東西，巴菲特以盡可能低的成本買入，獲得最大的利潤，這一大手筆顯示出股神特有的氣質。等待正確的機會可以增加成功的可能性。在這裏，耐心是關鍵。學會忍耐，因為這是成大事的必要條件。請記住：成功的秘訣不外乎是「在忍無可忍的時候，再忍一忍」！

Gold Edition Warren Buffett

9 忠告九

安全第一，賺錢第二

安全第一，賺錢第二，這是巴菲特的恩師格雷厄姆用自己教訓為大家上的重要一課。一九二五年，格雷厄姆三十多歲，創辦了一個投資公司，三〇多萬資金，年年超越大盤，成為百萬富翁，沒想到一九二九年十月股市大跌，到十月二十九日，股市暴跌百分之二十，格雷厄姆沒有預測到股市如此下跌，越虧越大，本金虧掉百分之七十，就要傾家蕩產變成負翁。後來幸虧得合股人老岳父支助五萬美元，免於破產。格雷厄姆痛定思痛，我當時怎麼就沒有做出安全防範措施呢？格雷厄姆總結出永不虧損的投資秘訣。正是這個投資秘訣，讓他以後投資再也沒有發生過虧損。正是這個投資秘訣，保證讓他重新又從窮光蛋變成了百萬富翁。

巴菲特從格雷厄姆那裏學到的投資最重要的原則就是：一、千萬不要虧損；二、千萬不要忘記第一條。因此，自從師從格雷厄姆以來，巴菲特就知道風險投資是任何一個投資者都首要考慮的問題，而且，要懂得怎麼去規避風險。

投資界流傳的巴菲特語錄很多，但是最廣為人知的就是：「成功的秘訣有三條：第一，儘量避免風險，保住本金；第二，儘量避免風險，保住本金；第三，堅決牢記第一、第二條。」因為這是最簡明、最有效的投資法則，只有在不虧損的情況下，才有可能賺到錢。

如果你離懸崖還有一公里，那麼你肯定不會跌下懸崖；如果一直在懸崖邊行走，總有一天會一失足而成千古恨。巴菲特說過：「架設橋樑時，你堅持載重量為三萬磅，但你只准許一萬磅的卡車穿梭其間。相同的原則也適用於投資領域。」

日本是個地震非常頻繁的國家。因此日本建築的一個基本前提就是：發生地震時建築安全嗎？安全程度有多大？而股市也是一個「地震」非常頻繁的地方，甚至可以說，股市震盪的幅度更大，震盪的次數更多，因此股票投資的一個基本前提就是：股市發生大震盪時你的股票安全嗎？安全程度有多大？

安全第一，與其說是一種原則，不如說是一種態度。態度決定一切。態度不同，決定了你的思考不同；思考不同，決定了你的行為不同；行為不同，決定了你的結果不同。在投資之前，最先考慮的應該不是能不能賺錢，而是會不會虧錢。

你投資一支股票的前提是，你以什麼樣的價格買入這支股票，才能確保永遠不會發生虧損。如果你購買一支股票，只是想著今天買了，明天有機會賺些錢就賣了，做個差價，你這時候的態度慎重嗎？相反地，如果你購買了一支股票，打算持有十年，你這時候態度又會這麼樣？做短線和做長線的態度完全不同。例如，你認識了一個女孩子，女孩子人不錯，你今天約她出去吃飯，但你只想和她聊聊天而已，你的態度就非常隨便。假如這個女孩子很好，你準備娶她當老婆，一輩子跟她在一起，這個時候你跟她約會的態度就會完全不一樣。

對散戶們來說，無論你是第一次介入股市，還是股場老手，風險問題無時無刻都存在。股神巴菲特經歷了無數次的股市大地震，卻總能夠保持不虧，關鍵在於他有一個永不虧損的投資秘訣，但是不要以為只有像巴菲特這樣成功的大投資家，動輒幾億甚至幾十億的大投資，才需要小心謹慎，對抗風險能力極低的散戶們來說，風險問題應該永遠擺在第一位。

第一節 測定自己的風險承受能力

在你投資之前，首先必須弄清楚你的風險承受能力，以便理智操作。

——巴菲特

股市中的風險是無處不在的。無論是老散戶還是新散戶，無論是大戶還是散戶，雖然有多種方法來規避股票投資的風險，但是由於股票價格的不可能性，局部風險的發生是不可避免的。特別對於散戶來說，風險的抵抗能力尤其弱，應該根據自己的風險承受能力，隨時調整投資策略與投資組合，以避免不必要的風險打擊。

不同的人，所能承受風險的能力是不同的。影響散戶的風險承受能力的因素，主要包括年齡、閱歷、經濟收入、文化水準、心理素質、職業特徵、社會關係等。根據股票的特性，可以將上述因素概括為四個方面：投資動機、資金實力、股票投資知識和閱歷、心理素質。這四個因素決定這散戶對投資風險的承受能力。

根據上述四個條件，可以把散戶的風險承受能力劃分為高、中、低三個層次。

風險承受能力強的散戶一般具有以下特徵：

良好的投資心態。風險承受能力強的散戶，通常性格開朗、豁達，情緒樂觀，不計較一時的得失。一旦在股票投資中遭受局部損失，也能夠「拿得起，放得下」，重整旗鼓，以來日再戰。

重視長期投資。風險承受能力強的散戶，投資股票主要是被股票豐厚的股息紅利所吸引，重視長期投資效益。在投資中不急於求成，對眼前利益並不十分在意。

經濟收入較穩定。風險承受能力強的散戶，他們有比較穩定和優厚的經濟收入，賺錢的門路通常較寬，而且具有一定的經營經驗和意識，額外收入較高。

貫徹「三分之一原則」。風險承受能力強的散戶，他們的股票投資數量與經常性收入相差不大，股票投資金額只占自己儲蓄資金的一部分，通常在三分之一左右，有穩定的資金來源可彌補投資損失。

社會關係較廣，投資經驗較豐富。風險承受能力強的散戶，通常具有較豐富的股票投資理論與實務知識，具有股票投資實踐經驗，社會關係較廣。其資訊來源不僅僅局限於股市或散戶之間，在親朋好友中有經濟、金融或企業管理方面的專家，能得到較有價值的投資諮詢建議。

風險承受能力低的散戶一般具有以下五個特徵：

投機而非投資的進場心態。風險承受能力低的散戶，大多是在股市發財效應的感染下，萌發了進場的欲望，他們從親朋好友處聽到種種關於股市致富的傳聞和故事，並從其示範效應中得到鼓舞和刺激，盲目地認為別人能做到的自己也一定能做到，別人能賺錢自己也不會虧損，在毫無風險意識的情況下，懷著投機而非投資的不良心態，雄心勃勃將資金投入股市。這些散戶因進場匆忙，所選擇的時機往往都是股價的高位。

收入來源單一，投資期望值高。這類散戶一般都是依靠薪水收入來維持生活的普通白領、勞工等。他們除了日常工作外，既沒有其他的收入來源，也沒有其他賺錢的門路，而自己對發財致富的要求又十分的迫切，把股票投資視為短期致富的捷徑，對提高股票投資來獲取高額收益的期望值極高。

進場金額高。這類散戶的進場金額往往較高，大大高於自己的經常性收入，兩者之間相差數倍甚至數十倍以上，其資金比重在自己畢生積蓄中所占的比重過高，超過一半以上，甚至是負債進場。

股票知識缺乏，社會關係簡單。風險承受能力低的散戶，通常文化水準較低且對股票的相關知識及操作技巧瞭解甚少，各方面資訊閉塞，消息來源僅局限於股市、散戶或正規的刊物，參與股票投資時間不長，缺乏實際操作經驗，社會關係簡單，沒有熟悉經濟、金融或企業管理方面的專家為自己提供有價值的投資諮詢建議。

性格內向，心理素質較差。風險承受能力低的散戶，通常性格內向，為人處世謹小慎微，平日裏比較吝嗇，把錢看得很重；對股票投資的風險瞭解較少，市場稍有波動便惶惶不可終日，買了怕跌，賣了怕漲，一旦投資被套或虧了本，心理壓力極大，嚴重影響日常生活。

在進場前，散戶可以根據以上所列舉的特徵，對照和分析自己的實際情況，測定自己的風險承受能力，在根據自己的風險承受能力採取相應的投資對策。在實際的股票投資中，那些有產階級，在進場前往往由於比較珍惜來之不易的財富，而做出較充分的心理準備，其投資行為也相對比較理智和保守。而那些資金較少、抗風險能力低的散戶，往往投資較衝動，賭博心理嚴重，期盼能以小博大。

測定自己風險承受能力的方法，根據上面列舉的幾種情況歸納出以下十六個選擇題，然後根據自己的實際情況對號入座，用「是」或「否」來回答。

■ 進場的目是投資。

■股利收入是進場的最主要目的。

■價差收益是進場希望獲得的，但不是唯一目的。

■收入來源較穩定。

■收入來源並不僅僅局限於股票的投資收益，而且並不是最重要的。

■有能力承受和彌補股票投資的虧損。

■注重長期投資。

■熟悉股票投資知識。

■股票投資資訊來源較固定而且有效。

■有從事股票投資的朋友。

■有股票買賣經歷。

■有充沛的精力。

■在處世方面較果斷，而不是優柔寡斷。

■樂觀，積極向上，有信心。

如果「是」的回答多於「否」的回答，表明風險承受能力較高，則其比較適宜進行股票投資；如果「是」的回答少於「否」的回答，表明風險承受能力較低，則應儘量抑制自己的投資衝動，而應先熟悉股票市場的基本情況，掌握一些基本的投資知識和技巧。

如果進場欲望非常強烈，則可以先透過控制資金投入量，以降低股票投資風險給自己帶來難以承受的打擊，進而影響工作和生活。

第二節　永遠不要虧損

第一條規則：永遠不要虧損；第二條規則：永遠不要忘記第一條。

——巴菲特

孫子兵法有言：「故善戰者，立於不敗之地而不失敵之敗也。是故勝兵先勝而後求戰，敗兵先戰而求勝。」戰爭中，應使自己立於不敗之地。投資中，同樣要讓自己立於不敗之地。因此，投資第一要義：永遠不要虧損。

所謂虧損，只會在一種情況下發生：資產賣出的價格低於買入的價格。也就是說，虧損的發生需要兩個條件同時具備。第一個條件是資產當前的市場價格低於其買入時的價格。第二個條件是資產的交易確實發生了。其中任何一個條件不具備都不會導致虧損。確保自己不要虧損，就是確保這兩個條件無法同時成立。顯然第一個條件取決於市場上的供求關係，不能人為控制。因此，投資者只需要控制第二個條件，就可以做到巴菲特所說的「永遠不要虧損」了。

具體來說，雖然市場上資產的價格千變萬化，但是歸根到底不外乎兩種可能：資產的當前價格不是低於買入價格，就是高於買入價格。當市場價格低於買入價格時，只要散戶們選擇不進行交易，那麼虧損就不會變為現實，僅僅停留在帳面上。耐心持有，並等待市場價格高於買入價格的機會才是正確的選擇。當市場價格高於買入價格時，情況要複雜些。一般來說，只要散戶們選擇交易，那麼當即就能獲利。但是請不要忘記，所有的散戶幾乎都是追逐最大利潤的。面對瞬息萬變的市場，貪婪的本性往往會使散戶們錯過獲利的最佳時機。於是大家可能會選擇繼續等待。在這無盡的等待中，誰也不能保證下一個市場風暴是否就會吞噬你的帳面盈利，甚至你的成本。

散戶最好不要眼高手低。多關注中低價股，選擇貨真價實者、具有成長性的股票。相信是金子總會發光。所以確保不虧損的必勝策略就是儘快鎖定你的成本，將其從帳面上的數字變成真金白銀。一旦資產的盈利達到相當的規模，堅決賣出部分資產，套現出你的投資成本。如此一來，無論市場怎麼變化，對我們的影響只是利潤的多少罷了，永遠不會出現虧損。

投資股市是用錢賺錢的行業。一旦你的本金沒有了，你就失業了。無論你明天見到多麼好的機會，手頭沒有本金，你只能乾著急。幾乎所有的行家，他們的建議便是儘量保住你的本金。而做到保本的辦法只有兩個：一、快速停損；二、別一次下注太多。

散戶們可能都有這樣的經歷：虧小錢時停損容易，虧大錢時就十分困難。這是人性的自然反應。在一項投資上虧太多錢的話，對你的自信心會有極大的打擊。你如果有一定的投資股市經歷，必然同時擁有賺錢和虧錢的經驗。

賺錢時你有什麼感覺？通常你會在內心指責自己為什麼開始的時候不多買一些，下次碰到「應該會賺大錢」的機會，你自然就會下大注。這是極其危險的。在股市裡，沒有什麼是百分之百的。如果第一手進貨太多，一旦股票下跌，噩夢就開始了。每天下跌，你希望這是最後一天；有時小小的反彈，你就把它看成大漲的前兆；很快這支股票可能跌得更低，你的心又往下沉。你失去理性判斷的能力。人性共通，其痛深切。

我們該怎麼避免虧損發生呢？具體的做法就是分層下注。你如果預備買一〇〇〇股某支股票，第一手別買一〇〇〇股，先買二〇〇股試試，看看股票的運動是否符合你的預想，然後再決定下一步怎麼做。如果不對，儘快停損。如果一切正常，再進四〇〇股，結果又理想的話，才買足一〇〇〇股。

由於股票的運動沒有定規，你不入場就不可能賺錢，而入場就有可能虧錢，所以承擔多少風險便成為每位投資人頭痛的事。索羅斯在他的自傳中提到他對承擔多大風險最感頭痛。解決這個問題並無任何捷徑，只有靠你自己在實踐中摸索對風險的承受力，不要超出這個界限。

然而什麼是你對風險的承受力呢？最簡單的方法就是問自己睡的好嗎？如果你對某支股票擔憂到睡不著，表示你承擔了太大的風險。賣掉一部分股票，直到你覺得自己睡得好為止。

把「保本」這個概念牢牢地記在心裏，你在投資股市時每次犯錯，你的體會就會深一層，時間一久，你就知道該怎樣做了。永遠不虧損的投資者，就是成功的投資者。

第三節 永不虧損的至尊秘方：安全邊際

安全邊際原則仍然非常正確，非常有效，永遠是投資成功的基石。

——巴菲特

安全邊際這個概念聽起來很高深，其實很簡單，就是尋找價格大大低於價值的質優價廉的便宜貨。其實我們每個人在生活中都在用這個方法。女孩子去攤位上買衣服時，為什麼會大幅砍價呢？人們去市場買菜時，為什麼會還價呢？當然想買得便宜一些，省點錢。同時呢，誰都知道，買的沒有賣的精，萬一估不準值多少錢，多還點價，一般是不會吃太多虧。

其實股市也是一個大商場，只不過裏面的商品都是股票而已。巴菲特在股市買股票，就像我們到市場買東西一樣，運用的是同樣的原則。所謂安全邊際原則，其含義就是像購買價廉物美的商品一樣，用相對於實際價值非常便宜的價格買入好股票。基於安全邊際進行價值投資，用巴菲特的話來說就是：用四毛錢的價格去購買價值一元的股票。其實就是用相當於實際價值四折的價格買入股票，和我買一件打了四折的商品類似。商品的標價並非其實際價值，我們要自己大概估計一下。股票過去的價格也並非其實際價值，我們也要自己大概估計一下。估計股票價值，首先要估計這家上市公司的內在價值。巴菲特會大概估計出了一個公司的價值，就可以除以總股本，折算出一股股票的價值，然後和市場價格進行比較，股價明顯低於價值就買入，否則就尋找其他股票的投資機會。

遺憾的是，我們在日常購物時運用的基本原則，卻偏偏不在股市裏運用。在超市裏非常精明的購物者，在股市裏卻變成了迷茫的散戶。人們在超市裏看見商品價格下跌會大喜，商品價格上漲會大悲；但在股市裏卻是看見股價上漲反而大喜，股價大跌反而會大悲。

在超市裏，你肯定是越漲越不買，越跌越買，只買對的，不買貴的；但在股市裏為什麼股票越漲越買，股價越跌越賣？為什麼只買貴的，不買對的？

巴菲特有句名言：「付出的是價格，得到的是價值。」其實，價值投資者尋找的就是價值與價格之間的差異，這正是投資盈利的來源。

格雷厄姆教給巴菲特的保障投資永不虧損、絕對安全的秘訣，就是儘量購買那些價格遠遠低於價值的股票，離股價大跌的懸崖，也就是價值線越遠越好。格雷厄姆把股價低於價值的程度稱為安全邊際，它相當於你的股票這輛車到價值這個懸崖邊緣的距離有多遠。格雷厄姆說：「我把投資成功、永不虧損的秘密，精煉成四個字的座右銘——安全邊際。」

巴菲特在十九歲時就從格雷厄姆的書中讀到了安全邊際原則，現在他已經快八十歲了，做了一輩子投資，他感歎：安全邊際原則仍然非常正確，非常有效，永遠是投資成功的基石。

一九八四年，巴菲特在哥倫比亞大學紀念格雷厄姆經典名著《證券分析》五十周年集會的演講中說，在美國投資界，絕大多數持續戰勝市場的投資大贏家，運用的都是格雷厄姆的安全邊際原則：尋找並利用公司內在價值與股票市場價值之間的差異。有了足夠的安全邊際才能從容地參與股市這場遊戲，不管它是賭場也好，還是市場也好。

應用安全邊際，必須要有足夠耐心去等待機會的來臨。這種機會一般來自於一家公司出現暫時問題或市場暫時過度低迷，導致優秀公司的股票被過度低估的時候。如果還沒有等到這個機會，那可以將資金，暫時投資在其他安全回報的債券類金融產品上面。「安全邊際」是對投資者自身能力的有限性、股票市場波動巨大的不確定性、公司發展的不確定性的一種預防和保險。有趣的是，根據安全邊際原則進行的投資，不像一般投資那樣，風險越高收益越高，而是風險越低，收益越高。

對於散戶來說，增強自己的安全邊際理念，第一需要認真學習分析企業的技巧，閱讀財務報告的技巧，避免被企業的財務假帳所欺騙，還要增強各個行業營運的知識。散戶儘量尋找未來盈利有很好保障的公司，即使現在的企業景況不佳，只要有未來盈利的保障，就可以入手。第二，慢慢學會估計企業資產與盈利的真實性、可靠性，未來前景的可預測程度、可預測時間。

我們經常說，「富貴險中求」，其實對於散戶們來說，這句話是錯的，富貴應該穩中求。在投資中，足夠的安全邊際才能保證你的富貴穩中求。通俗一點來說就是：做事要留有餘地。買入股票時價格上同樣要留有餘地。因為你對股票價值的估計只能是大概準確，不可能是絕對準確，由於買入價格上有很大餘地，萬一錯誤地高估了，也能保證你買得還是相當便宜的，仍有可能取得不錯的回報。

第四節　學會利用市場的愚蠢

> 我們歡迎市場下跌，因為它使我們能以令人恐慌的便宜價格揀到更多的股票。
>
> ——巴菲特

進攻型投資者，最關鍵的是要全神貫注於，那些正經歷不太引人注意時期的大公司。巴菲特喜歡在一個好公司因受到懷疑、恐懼或誤解干擾而使股價暫挫時進場投資。「巨大的投資機會來自於優秀的公司被不尋常的環境所困，這時會導致這些公司的股票被錯誤地低估。」

平常生活中，我們在商場裏經常碰到很多商品打折，而且有時打折得很厲害，但是股市中會有股票打折嗎？有！那就是市場犯下愚蠢錯誤的時候。打球想要戰勝對手，取決於兩個關鍵因素：一是你正常發揮不犯錯誤；二是對手犯下愚蠢錯誤，使你有機會得分。想要戰勝市場，也是這個道理，一是我們自己儘量避免犯錯，二是等待我們的對手「市場先生」犯下嚴重錯誤，以嚴重低估的價格賣出股票。

正如巴菲特所說：「你一生能夠取得多大的投資業績，一是取決於你傾注在投資中的努力與聰明才智，二是取決於股票市場所表現出來的愚蠢程度。市場表現越愚蠢，善於捕捉機會的投資者盈利機率就越大。」

因此，有時候市場下跌反而是重大利多消息。股市下跌就像西伯利亞一月的暴風雪一樣平常，如果你有準備，它並不能傷害你。下跌正是好機會，去撿那些慌忙逃離風暴的投資者丟下的廉價貨。無人對股票感興趣之日，正是你應對股票感興趣之時。在股市過度狂熱中，只有極少的股票價格低於其內在價值。而在股市過度低迷時，可以購買的價格低於其內在價值的股票如此之多，以致於投資者因為財力有限而不能充分利用這一良機。

巴菲特對股市下跌總是抱著欣賞的態度，因為，這正是他開始有大動作的最好時機。當然，谷底總是預示著股市新一輪的反彈，如果你行動不夠迅速，谷底的優勢會被隨之而來的搶購化為泡影。所以此時一定要動如脫兔，以迅雷不及掩耳之勢迅速的行動。

首先，動作要迅速。有時候不是眼光和知識的問題，僅僅是行動不夠迅速就會讓你成為市場的犧牲者，這也是股市的魅力所在，巴菲特就曾經說過，投資股市並不需要過人的智慧和特殊的才能，所以這也是吸引眾多投資人的原因，即使你的知識和智慧並不很高，但投資股市同樣可以賺錢。

其次，機會難得，要「押大賭注於高機率事件上」，這也是巴菲特的一慣做法。股市的機會並不總是隨時光顧你，一旦把握住了一次良機，就不應該浪費，要押大賭注於高機率事件上，也就是說，當你堅信遇到了可望而不可及的大好機會時，唯一正確的做法是大舉投資。目前，伯克希爾公司投資的公司市場價值達四〇〇億美元，其中僅美國運通、可口可樂、吉列、穆迪，以及金融公司富國銀行這五項投資所獲得的市場價值就占到了七六%。可見，巴菲特的投資重點十分突出，從來不放過好的機會。

一九七五年初春的一天，墨西哥發生了瘟疫。

美國亞默爾肉食加工公司的老闆在得知這個消息的時候，敏銳地意識到，如果墨西哥有瘟疫，必定從加利福尼亞和德克薩斯兩州傳入美國，而這兩州又是美國肉食供應的主要基地。這兩地一旦瘟疫盛行，那麼全國肉類供應必定緊張。

於是，亞默爾公司大量購買德克薩斯州和加利福尼亞州的生豬和牛肉，並及時運往美國東部。當從從墨西哥傳來的瘟疫蔓延美國西部造成肉類緊缺的時候，亞默爾公司數月內淨賺九〇〇萬美元。

機不可失，時不再來，在進退之間不能把握時機者，必將一事無成，遺憾終生。凡成大事者，他們可以在機會中看到風險，更在風險中抓住機遇。能迅速抓住機遇的人才能獲得成功，對於那些隨遇而安，猶豫不決的人來說，機會即使擺在他面前，也把握不住。

巴菲特深刻領悟了危機的真正含義：危機就是「危」和「機」，危險和機會往往並存。有勇氣又有智慧的人，才能從危險中看到機會，抓住機會。巴菲特幾乎所有的重倉股都是在某個公司遇到重大危機的情況下趁機低價買入的。在GEICO公司面臨破產時，巴菲特低價買入，二十年間就獲得了盈利五十倍。

希歐多爾・羅斯福有句名言：在你做決定的時候，最好的情況是你選擇了正確的決定，其次是做出了錯誤的決定，最差的就是你什麼決定都沒做。

豪言壯語說得再好，也沒有一句實際行動重要。迅速做出決定並付諸行動，你就會減少錯失成就的機會。

很多人也是對現有的生活不滿、工作不滿，他們有時也在考慮是否做出幾項決定來改變現在的生活，但想了很久卻一直沒有行動，幾年過去了，或者是十幾年過去了，他們的生活仍是那樣，沒有絲毫改變。

很多人只是抱怨生活不公平，抱怨自己懷才不遇，但是，我們靜下心來仔細想想，很多事情其實還是公平的。別人行動，所以別人會成功。

第五節　跟著前面的螞蟻走？

關鍵在於利用市場，而不是被市場利用。

——巴菲特

螞蟻是典型的從眾群體。工蟻只會跟著前面的工蟻走，一旦和蟻群走散，工蟻就會迷失方向，無法回到蟻巢。而如果工蟻們不小心走成一個圓圈，那麼它們會一圈一圈不停爬下去，直到累死。

這個案例告訴我們，盲目跟著市場走，很難賺大錢，卻很容易虧大錢。人本身是群居性動物，在生活和工作上總是喜歡和群體保持一致，老人經常教育年輕人：站在大多數人的一邊，一般是不會錯的。但是在股市中，站在多數人的一邊，並不一定是對的，有時是完全錯誤的。

當一位石油大亨死後準備進入天堂的時候，上帝攔住了他，並告訴了他一個非常糟糕的消息：「你雖然的確有資格進入天堂，但是其他石油大亨來得太多了，已經把所有房間都擠滿了，我沒有地方安排你了。」這位石油大亨一聽，想了一會兒，就對上帝提出了一個請求：「我能否進去跟那些住在天堂裏的同行講一句話？」上帝覺得沒什麼，就同意了。於是，這位大亨就把手罩在嘴邊大聲喊道：「地獄裏發現石油了！」話音剛落，大門洞開，天堂裏所有的石油大亨都蜂擁跑向地獄。上帝看到這種情況非常吃驚，於是請他進入天堂。但這位石油大亨遲疑了一會兒說：「不，我想我還是跟那些人一起到地獄中去吧，傳言說不定是真的呢！」

這個故事雖然聽起來有點誇張，但是在股市上這種跟著市場走的現象卻很普遍。對於散戶們來說，這種從眾效應尤其突出，跟著市場走，說得好聽點叫從眾，說得難聽點就是盲從。周圍有點風吹草動，馬上就草木皆兵，最後往往被股市玩得團團轉，勞心又勞力，最後還吃力不討好。在證券市場中，散戶往往跟著法人走，小法人跟著大法人走，大家基本上是看相同的報導，聽同樣的指標，整個市場就成了一個羊群。在這個股市羊群中，大家都是在想，反正我跟著大家走，肯定沒錯。結果大家往往都錯了。

當你想要保證你的投資絕對安全的時候，一定要牢記巴菲特的話：「在別人恐懼時貪婪，在別人貪婪時恐懼。」想一下，你是不是在盲從於市場，你是不是買入了一支股價過高的股票，而這支股票根本不具有足夠的安全邊際。而要找到股價嚴重被低估、有足夠安全邊際的股票，只有清醒的頭腦時不行的，還得有巨大的勇氣。

思路決定出路。行為不盲從從眾，首先要思考不盲從眾，必須學會獨立的思考。獨立的行為，需要獨立的思考。格雷厄姆告訴巴菲特，要想在華爾街投資成功，第一要正確思考，第二要獨立思考。巴菲特的合作夥伴告訴我們：「投資中真正需要的是思考而不是參考。」著名哲學家羅素在日常生活中觀察到的現象，在股票市場中也出奇的相似：「大部分人寧死也不願思考。許多人的確如此。」思考的對錯不在於你是否於多數人意見一致，而在於你的分析推理是否正確。

要做到獨立思考，對散戶來說，的確不是一件容易的事情。但是我們必須如此，或者應該試著朝這個方向去努力。

只有獨立思考，才能發現市場的錯誤，避免盲從於市場的錯誤，進而利用市場的錯誤，在市場恐慌性拋售時，發現巨大的安全邊際，從而既能保證安全，又有機會大賺一筆。正如巴菲特所說：「關鍵在於利用市場，而不是被市場利用。」對散戶來說，就是不要一味的隨波逐流，最後反而給券商貢獻了手續費不說，還得不償失。

附錄一：股票的術語

股票的發行術語

溢價發行：指新上市公司以高於面值的價格辦理公開發行或已上市公司以高於面值的價格辦理現金增資。

股票發行價格：指股份有限公司，將股票公開發售給特定或非特定投資者所採用的價格。根據相關法規規定，股票不得以低於股票票面金額的價格發行。根據發行價與票面金額的不同差異，股票發行可以分為面值發行與溢價發行。

折價發行：指以低於面值的價格發行。

中間價發行：即以時價和面值的中間價作為發行價格。

時價發行：即以舊股票的現行市價作為新股票的發行價格。

股票發行：指符合條件的發行人依照法定程式向投資者募集股份的行為。

發行費用：指發行公司在籌備和發行股票過程中產生的費用。該費用可在股票發行溢價收入中扣除，主要包括仲介機構費、上網費和其他費用。

股票的操作術語

多頭市場：也稱牛市，就是股票價格普遍上漲的市場，股價的變動情況是大漲小跌。

空頭市場：亦稱熊市，股價呈長期下降趨勢的市場，股價的變動情況是大跌小漲。

看多：股票後市看好，先行買進股票，等股價漲至某個價位，賣出股票賺取差價的人。

看空：是指認為股價已上漲到了最高點，很快便會下跌，或當股票已開始下跌時，認為還會繼續下跌，趁高價時賣出的投資者。

多翻空：原本看好行情的多頭，看法改變，賣出手中的股票，有時還借股票賣出，這種行為稱為翻空或多翻空。

空翻多：原本作空頭者，改變看法，把賣出的股票買回，有時還買進更多的股票，這種行為稱為空翻多。

買空：預計股價將上漲，因而買入股票，在實際交割前，再將買入的股票賣掉，實際交割時收取差價或補足差價的一種投機行為。

賣空：預計股價將下跌，因而賣出股票，在發生實際交割前，將賣出股票如數補進，交割時，只結清差價的投機行為。

騙線：大戶利用散戶們迷信技術分析資料、圖表的心理，故意抬拉、打壓股價，致使技術圖表形成一定線型，引誘散戶們大量買進或賣出，從而達到他們大發其財的目的。

坐轎子：預測股價將漲，搶在眾人前以低價先行買進，待眾多散戶跟進、股價節節升高後，賣出獲利。

抬轎子：在別人早已買進後，也跟著買進，結果是把股價抬高讓他人獲利，而自己買進的股價已非低價，無利可圖。

下轎子：坐轎客逢高獲利了結為下轎子。

摜壓：利用大量賣出將股價打壓下來，主要想壓低進貨。

拉抬：利用大量買入將股價拉抬起來，主要想拉高出貨。

長空：指對股市遠景長期看壞，借來股票賣出，俟股票跌落一段相當長時期以後才買回。

短空：指對股市前途暫時看跌，借來股票賣出，但於短時間內即買回。

補空：指空頭買回以前借來賣出的股票。

空手：指手中無股票，即不是空頭，也不是多頭，觀望股勢，等待股價低時買進，高時借股放空的人。

套牢：指預測股價將上漲，買進後卻一路下跌，或是預測股價將下跌，於是借股放空後，卻一路上漲，前者稱為多頭套牢，後者稱為空頭套牢。

軋空：資金雄厚的股票投機者看中某種股票看漲，便大量買入，並暗中控制其來源，使空頭於交割時，無法獲得其應交數量，多頭趁機抬高價格，空頭不得不忍痛依照多頭要求的價格成交。

軋多：到期股票價格疲軟，原來做多頭的人急於脫手，實力雄厚的投機者控制各方面股票需求，成為空頭購買者，迫使多頭削價出售。

當沖交易：指當天先低價買進股票，然後高價再賣出相同種類、相同數量的股票，或當天先賣出股票，然後以低價買進相同種類、相同數量的股票，以求賺取差價利益。

斷頭：指搶多頭當沖，買進股票，股票當天未上漲，反而下跌，只好低價賠錢賣出，或搶空頭當沖，賣出股票，股價當天未下跌，反而上漲，只好高價賠錢買回。

多殺多：普遍認為當天股價將上漲，於是搶多頭的人持別多，然而股價卻沒有大幅上漲，無法高價賣出，等到交易快要結束時，競相賣出，因而造成收盤時股價大幅下挫的情形。

空殺空：普遍認為當天股價將下跌，於是都搶空頭賣出，然而股價卻沒有大幅下跌，無法低價買進，交割前，只好紛紛補進，因而反使股價在收盤時，大幅度升高的情形。

實多：指在自有資金能力範圍之內，買進股票，即使被套牢，亦不必趕忙殺出的人。

實空：指以自己手中持有的股票放空，股價反彈時並不需要著急補回的人。

融資：看好股市前景，認為將會上漲，想大撈一筆，而自己財力有限，於是向金融機構借來資金，買進股票，放款機構若要收回資金，買股票的多頭投資人，就要賣出股票或補足股價變動所需的金額，歸還借款，此時，即使股價上漲，亦不敢長期持有，一旦獲得相當利潤即賣出，一但股價下跌，更心慌意亂，趕緊賠錢了結，以防套牢。

融券：其情形與融資相同，只是投資人認為股價將下跌，借股放空，因所放空的股票，時有被收回的顧慮，所以稱為「融券」。

阻力線：股價上漲到達某一價位附近，如有大量的賣出情形，使股價停止上揚，甚至回跌的價位。

支撐線：股價下跌到在某一價位附近，如有大量買進情形，使股價停止下跌甚至回升的價位。

盤堅：指當天股價緩慢盤旋上升。

盤軟：指當天股價緩慢盤旋下跌。

盤整：指股價經過一段急速的上漲或下跌後，遇到阻力或支撐，因而股價開始呈現小幅度上下變動。

跳空：股市受到強烈利多或利空消息的刺激，或者是投資者積極進出股市時，造成股價不平衡的現象，股價開始大幅跳動，以致於該成交的價位沒有成交便上漲或下跌，這種情況稱為「跳空」，在上漲時，當天的開盤價，高於前一天的收盤價兩個升降單位以上開出，稱「跳空而上」；下跌時，當天的開盤價，低於前一天的收盤價兩個升降單位以上開出，稱「跳空而下」。

填空：指將跳空出現時沒有交易的空價位補回來，也就是股價跳空後，過一段時間將回到跳空前的價位，以填補跳空價位。

拔檔：持有股票的多頭遇到股價下跌，並預期可能還要下跌，於是賣出股票，等待股價跌落一段差距以後再補回，降低持股成本。

回檔：上升趨勢中，因股價上漲過速而回跌，以調整價位的現象。

打底：股價由最低點回升，隨後遭到空頭壓賣而再度跌落，但在最低點附近又獲得多頭支撐，如此來回多次後，便迅速脫離最低點而一路上漲。

做頭：過程與「打底」一樣，只是形狀恰好相反，在高價位處有兩個以上的峰頂並排，形成上漲壓力。

打開：股價由漲跌停板滑落或翻升。

突破：指股價經過一段盤整時間後，產生大幅向上漲或大幅向下跌的一種價格波動。

探底：股價持續跌挫至某價位時便止跌回升，如此一次或數次。

頭部：股價上漲至某價位時便遇阻力而下滑。

掛進：買進股票的意思。

掛出：賣出股票的意思。

關卡：指股價上升至某一價位時，由於供求關係轉變，導致股價停滯不前，此一敏感價位區即謂「關卡」。

開平盤：指今日的開盤價與前一營業日的收盤價相同。

績優股：指過去業績與盈餘有良好表現的股票。

全額交割：是證券主管機關對重整公司，或發生重大問題的上市公司之股票，特別制定的買賣交割法，即無法使用融資或融券來進行交易。

趨勢：指股價在一段期間內的變動方向。

搶搭車：指投資人於股價稍微有明顯變動時，立即進場買進或賣出的行為。

做手：指以炒作股票為業的大戶，可能是外資、自營商、投信或是政府基金。

洗盤：做手為達炒作目的，於盤中大量反向買進或賣出股票，讓已經進場的散戶投資人，因害怕股價走向與自己的判斷相反，迫使散戶投資人以高價買進或低價賣出手中持股的手段。

新多：指新進場的多頭投資人。

近期趨勢：二十～三十天為近期趨勢。

中短期趨勢：五十～六十天為中短期趨勢。

中長期趨勢：八十～一百天為中長期趨勢。

震盪：指股價一天之內呈現忽高忽低之大幅度變化。

中實戶：指投資額較大的投資人。

差價：股票在買進和賣出的兩種價格之間，所獲得之利潤或虧損，前者稱差價利得，後者稱差價損失。

上檔：指在市價以上的價位。

下檔：指在當時股價以下的價位。

附錄二：巴菲特語錄

有人說巴菲特的話就是金科玉律，對此也許別人會嗤之以鼻。但是，只要你參透了哪怕其中的一句話，並遵之循之，那麼它就有可能給你帶來巨大的財富，使你享受今生。

相馬篇

我們現在不去，過去也不曾，將來也不會對未來一年的股市、利率或產業環境有一丁點的看法。

我們從未想到要對股市未來的走勢說三道四。

以GEICO為例，乃至於我們所做出的一切的投資，我們看重的是公司的營業表現，而不是其股價的表現。如果我們對公司營業的預料是正確的，那麼市場終將還它一個公道。

在購併奎恩乳品公司時，巴菲特說到：「我們把錢擺在吃得到的地方。」

一九八五年在結束伯克希爾紡織部門的營運時，巴菲特解釋道：「一匹能數到十的馬是隻了不起的馬，但卻不是了不起的數學家；同樣的，一家能夠合理配置資金的紡織公司，是一家了不起的紡織公司，但卻不是什麼了不起的企業。」

許多人盲目投資，從某方面來說等於是通宵玩牌，但卻從未曾看清自己手中的牌是什麼點數。

恩師葛拉漢曾說：「短期來看市場是個投票機器，但長期來看卻是個體重計。」

巴菲特說：「可口可樂與吉列刮鬍刀是世界上最優秀的兩家公司。」

香煙是一個相當理想的行業，因為它的製造成本只要一分錢，但售價卻高達一塊錢，而且消費者會上癮，而且他們的忠誠度非常地高，最重要的是他們後繼有人。

有的企業有又寬又深的護城河，裏頭還有兇猛的鱷魚、海盜與鯊魚守護著——這種公司才是你應該投資的理想選擇。

我們喜歡想像伯克希爾就像商業圈的大都會美術館那樣，能夠吸引最偉大的傑作。

四十五年前，我看到了大量的機會，雖有想法卻愁沒有錢，今天我有了大量錢卻發現機會盡失。

不投資科技股絕不是迷信不迷信的問題。

我對宏偉的預言一竅不通，值得慶幸的是，當我做出經濟預期時根本不用理會它們。我們只注重重要的和可知的事情，然而匯率和利率卻是無法預測的，因此，當我們挑選目標企業時，我們從來不去談論那些所謂的宏大的定論。

我想我不會去投資黃金，因為我看不出將這種金屬從南非的地底挖出，再把它放到福克斯堡的金庫裏有何意義。

駁馬篇

一般來說，共同基金的管理費用是百分之一點二五，值得驕傲的是，我們則只有萬分之五。

在一九九六年的公司年報中，巴菲特說自己正在研究可口可樂公司一百年前的年報（一八九六年），而那時的可口可樂剛剛問世約十年。當時的總裁坎德勒說道：「大約從今年三月一日開始……我們聘僱了十名與辦公室有系統聯繫的旅行銷售員，這樣我們就幾乎覆蓋了整個合眾國的領土。」雖然那一年可口可樂的銷售額才十四・八萬美元，而一九九六年已高達大約三十二億美元，但是，巴菲特對當時領導人的雄心與努力仍是欽佩不已。

在伯克希爾我們不用去告訴一個打擊率四成的選手如何揮棒。

巴菲特說在他四十多年的投資生涯中，僅靠十二個投資決策，就造就了他今日與眾不同的地位。

巴菲特將恩師葛拉漢「以低價買進某公司的股票，待公司出現轉機後在高價賣出的方法」，稱為「煙屁股投資法」。

巴菲特說：「恩師葛拉漢在《聰明的投資人》一書的結語中說到，最聰明的投資方式就是——把自己當成公司的老闆。這句話是有史以來有關投資理財的最重要的一句話。」

因為我把自己當成是企業的經營者，所以我成為更優秀的投資人；而因為我把自己當成是投資人，所以我成為更優秀的企業經營者。

你能對一條魚解釋在陸地上行走的滋味嗎？在陸地上生活一天的真實感覺，勝過以言語解釋它一千年，而躬體力行去經營企業也是如此。

我和我喜歡的人一起工作，世界上沒有任何一種工作比經營伯克希爾更有趣了。

人們習慣於把每天短線進出股市的投機客稱為投資人，就像他們把不斷發生一夜情的愛情騙子當成浪漫情人一樣。

有人質疑巴菲特的投資策略只是運氣好而已，他用一個有關機率的故事回答他們：「一群豬共有十二萬八千隻，分別來自全世界，各農場舉行丟銅板比賽，投出正面的晉級，投出反面的淘汰，經過九回合後，只剩下二百五十隻豬晉級，有人認為那二百五十隻豬隻是運氣好而已」。

巴菲特接著又說：「如果你發現晉級的二百五十隻豬有二百隻全是某農場來的，那你就必須問：那個農場餵豬的飼料有沒有特別之處？」

沒有公式能判定股票的真正價值，唯一的方法是徹底瞭解這家公司。

買股票時，應該假設從明天開始股市要休市三—五年。

想要在股市從事波段操作是神做的事，不是人做的事。

投資的秘訣在於，看到別人貪心時要感到害怕，看到別人害怕時要變得貪心。

放手讓虧損持續擴大，這幾乎是所有投資人可能犯下的最大虧損。

放馬篇

該出手時就出手。

有時行動比謹慎更重要。

我們偏愛的持股期限是永遠。

在股市投資中，何時買進和賣出的時機把握比買賣何種股票都重要。

如果連原本不太注意股票投資的人都進股市了，就表明可動用的資金差不多都進股市了，緊接著就是後繼乏力，再沒有資金可推升股價，股市必跌。

當人們對一些大環境事件的憂慮達到最高點時，事實上也就是我們做成交易的時機。恐懼是追趕潮流者的大敵，卻是注重基本面的財經分析者的密友。

巴菲特在一九八五年結束伯克希爾紡織部門營運時，曾解釋道：「我們不會因為要將企業的獲利數字增加一個百分點，便終止比較不賺錢的交易；但是，與此同時我們也覺得，只因公司非常賺錢便無條件地支持一項完全不具前景的投資的做法不太妥當。亞當．斯密一定不贊同我的第一個看法，而卡爾．馬克斯卻又會反對我第二個的見解，所以，採取中庸之道是惟一能讓我感到安心的做法。」

養馬篇

有生之年我都會繼續經營伯克希爾，之後我可能會透過降神會繼續工作。

風險來自你不知道自己正在做什麼。

儘管我們的組織註冊為公司，但我們是以合夥人的心態來經營它的。

對於購併所需資金，伯克希爾隨時作好萬全準備，巴菲特說：「如果你想要打中罕見且移動迅速的大象，那麼你應該隨時把槍帶在身上。」

巴菲特說：「如果你給我一千億美金要我把可口可樂打倒，即使我的心可能會很痛，我還是會將錢原封不動地退還。」

信譽可能需要花一輩子的時間才能建立，但只要五分鐘便足以摧毀之。

如果你沒有打算持有一支股票十年以上，那麼你也就別想著持有它十分鐘。

巴菲特堅決反對股票分割配股，他甚至半開玩笑地在朋友的生日賀卡上寫到：「祝你活到伯克希爾分割股票之時。」

巴菲特非常讚賞奧美廣告創辦人的管理哲學：「如果我們聘僱一批比我們矮小的人，那麼總有一天我們也會變成一堆侏儒；但相反的是，如果我們聘僱一些比我們高大的人，那麼我們終將變成一群巨人。」

成功講座 401

巴菲特給散戶的9個忠告

海鴿文化出版圖書有限公司
Seadove Publishing Company Ltd.

作者 郭硯靈、潘方勇
美術構成 騾賴耙工作室
封面設計 九角設計工作室
發行人 羅清維
企畫執行 林義傑、張緯倫
責任行政 陳淑貞

出版 海鴿文化出版圖書有限公司
出版登記 行政院新聞局局版北市業字第780號
發行部 台北市信義區林口街54-4號1樓
電話 02-27273008
傳真 02-27270603
網址 www.seadove.com.tw
e - mail service@seadove.com.tw

總經銷 創智文化有限公司
住址 新北市土城區忠承路89號6樓
電話 02-22683489
傳真 02-22696560
網址 www.booknews.com.tw

香港總經銷 和平圖書有限公司
住址 香港柴灣嘉業街12號百樂門大廈17樓
電話 （852）2804-6687
傳真 （852）2804-6409

出版日期 2023年12月01日 五版一刷
定價 380元
郵政劃撥 18989626戶名：海鴿文化出版圖書有限公司

CVS總代理 美璟文化有限公司
電 話 （02）2723-9968 e - mail：net@uth.com.tw

國家圖書館出版品預行編目資料

巴菲特給散戶的九個忠告／郭硯靈、潘方勇著--五版，
--臺北市： 海鴿文化，2023.12
面； 公分. －－（成功講座；401）
ISBN 978-986-392-508-8（平裝）

1. 股票投資 2. 投資技術

563.53 112018893

Seadove

Seadove